U0068596

另眼看作家

蔡登山　著

前言

作家的另一面

　　早在十四、五年前，當時為拍攝《作家身影》紀錄片，讀了不少有關作家個人的資料，包括作家本人的自傳、日記、回憶錄；及後人寫的傳記、年譜、相關回憶文章等等。同時也回頭讀了他們的作品，當時腦海中不斷地思索著是「人如其文」，還是「文如其人」的問題。後來得到的答案是有的作家，你從他的作品中即刻能夠感受他的音容笑貌、喜怒哀樂；但有的作家卻不是如此，他有著極其複雜的思維、有著截然不同的樣貌，不是你一眼即可望穿的，他常常是深不可測的。你看到的很可能只是他的表層，其實他還有著不為人知的「另一面」。因此有些論者稱這些作家有如「狐狸」、有如「刺蝟」。

　　而要了解這些作家，常常要從特定的角度切入，在某些事件中去觀察他的言行舉止，所謂「時窮節乃見」，這時或許躲不過你的「法眼」。因為平時看似「沖淡平和」的人，這時候卻讓你看到「浮躁凌厲」的一面；而平時你或許認為他是「陽剛十足」的人，在此時此刻你卻看到了他「柔情似水」的一面。

　　人與人相處，難免有「快意恩仇」，而作家更是

「哀樂倍於常人」，因此「恩怨情天」也倍於常人，尤其是宗派與宗派、社團與社團之間，常常為了某些事情，可以爭得你死我活，從師生變陌路，從好友變死敵。但後人卻常常不明他們爭的是什麼，其實當你追源溯本，你就發覺他們為的是「誰主沉浮」，為誰能取得「話語霸權」而爭論不休。文學史上的這種論爭，可謂多矣。因此筆者試圖從這些論爭中，一一揭開迷霧，還原事實的真相，而在重建歷史現場的過程中，你將可以看清他們的另一層面目。

當然還有些作家他是多才多藝的，例如他除了創作外，還是編輯高手或出版家，而這些都在他的盛名之下，隱而不彰，也藉此特別加以表彰，以見其多面的才華。而曾「獨領風騷」在開創寫作的新樣式上，或是在戲劇上、翻譯上開風氣之先者，其功不可沒，也是我們當特別加以重視的。

好友曾堃賢先生在他編輯的《全國新書資訊月刊》，提供版面刊登拙文，盛情可感，也讓這一系列文章，終能成書，特此誌之。

目錄

第一章

誰與爭鋒

「**文**學研究會」和「創造社」是五四新文學運動中，最早出現的兩個最大的文學社團。「文學研究會」成立於一九二一年一月四日。發起人有周作人、朱希祖、耿濟之、瞿世英、鄭振鐸、沈雁冰、葉紹鈞、王統照、蔣百里、郭紹虞、孫伏園、許地山等十二人，成立大會在北京中山公園來今雨軒舉行。該會成立後，即發表「宣言」、「簡章」，表明自己的宗旨。「文學研究會」擁有自己的發表園地，《小說月報》為該會的機關刊物。

其實，「文學研究會」的起源，可以追溯到一九一九年十一月。當時，瞿秋白、鄭振鐸、耿濟之、許地山、瞿世英等人，在北京創辦了《新社會》旬刊，他們都是「社會實進社」的成員，創辦這個旬刊，旨在倡導社會改造和平民教育。然而半年後《新社會》被政府查禁，他們又辦了一份《人道》月刊，但才出一期又因政治壓迫而停刊。於

周作人

鄭振鐸

王統照

是創辦一份新的刊物,並進一步組織一個新的團體,借文學的力量來改造社會,成了他們迫切的需要。

　　而早在一九一八年夏天,郭沫若在日本博多灣海岸遇見了張資平,他們共同議論籌辦一個文學同人雜誌。當時郭沫若、張資平、成仿吾、郁達夫都在日本求學,他們感到中國沒有一本可讀的雜誌,沒有一本純粹的文學刊物。郭沫若說:「其實我早就這麼想,我們找幾個人來出一種純粹的文學雜誌,採取同人雜誌的形式,專門收集文學上的作品。不用文言,用白話。」鄭伯奇後來認為「這可說是『創造社』的受胎期」。成仿吾則強調要更早,他說:「沫若與我,想約幾個同志來出一種文藝上的東西,已經是三、四年以前的事。那時候胡適之才著手提倡口語的文學,『文學研究會』這團體還沒有出世。」

　　然而郭沫若等人個人能力雖極強,但組織能力稍差,同人刊物遲遲不見問世。成仿吾甚至認為「東京的留學生能

把中文寫通順的都沒有好幾個人，更說不上什麼文學。」他主張「慢慢地徵集同志，不必著急」。此後又屢經波折，反覆謀劃、籌備，「創造社」終於在一九二一年六月下旬在日本東京成立，但已晚於「文學研究會」之成立，有半年之久了。

而一九二一年九月二十九日，郁達夫在上海《時事新報》第一版刊登了他起草的、由「創造社」成員署名的〈純文學季刊《創造》出版預告〉，文中鋒芒畢露地寫道：「自文化運動發生後，我國新文藝為一二偶像所壟斷，以致藝術之新興氣運，漸滅將盡，『創造社』同仁奮然興起打破社會因素，主張藝術獨立，願與天下之無名作家，共興起而造成中國未來之國民文學。」這篇文章直指「文學研究會」的壟斷文壇，拉開雙方論戰的序幕。鄭振鐸曾就此事質問過郭沫若，郭沫若卻輕描淡寫地推說不知道。其實早在同年六月初，郭沫若去東京探望病中的郁達夫並談及上海文藝界的情況時，郭沫若便牢騷

《小說月報》封面

《新社會》刊頭

在日本求學的郭沫若

左起：王獨清、郭沫若、郁達夫、成仿吾

滿腹地說：「再不要提起！上海的文氓文丐，懂什麼文學！……一些談新文學的人，把文學團體來做工具，好和政治團體相接近，文壇上的生存競爭非常險惡，他們那黨同伐異，傾軋嫉妒的卑劣心理，比以前的政客們還要厲害，簡直是些Hysteria（歇斯底里）的患者！」這段話被郁達夫在幾天後寫的〈友情和胃病〉一文披露出來，據說該文是經郭若沫過目並表示無異議的。因此他對鄭振鐸的推說不知情，其實是欲蓋彌彰的。他後來在《創造》創刊號上發表的〈海外歸鴻〉文中，就透露在九月二十六日郁達夫便寫信告訴他關於《創造》預告之事，郭沫若並說他見了報上的預告後「感得快意」，表示「我們旗鼓既張，當然要奮鬥到底。」這不就是鐵案如山的證據嗎？

面對「創造社」的猛烈砲火，起初「文學研究會」並沒有什麼反應。他們仍然很公正地對待「創造社」方面的作品。郁達夫的〈《茵夢湖》的序引〉照樣在《時事新報·文學旬刊》上發表。

一九二一年十月十五日，郁達夫的小説
集《沉淪》在上海泰東書局出版後，較
早出來公正地評論它的便是「文學研究
會」的沈雁冰。他在一九二二年二月號
《小説月報》的「通信」欄裡，就肯定
這些作品「主人翁的性格，描寫得很是
真，始終如一，其間也約略表示主人翁
心理狀態的發展」「是成功的」；同時
他也指出某些描寫以及結尾部分有缺
點。隨後「文學研究會」的「偶像」級
人物——周作人在三月二十六日的《晨
報副刊》上發表文章，從理論上肯定了
《沉淪》「是一件藝術的作品」，是
「受戒者的文學」。

　　然而「創造社」的主動攻擊似乎
並未稍歇，在一九二二年五月一日發行
的《創造》季刊創刊號，郁達夫的〈藝
文私見〉及郭沫若的〈海外歸鴻〉兩篇
文章，立即引起「文學研究會」的不滿
和驚異。郁達夫文中説：「文藝是天才
的創造物」，「天才的作品……以常人
的眼光來看，終究是不能理解的。」郁
達夫甚至用謾罵的口吻説：「現在那些

郁達夫

《創造》創刊號

《沉淪》書影

5

在新聞雜誌上主持文藝的假批評家，都要到清水糞坑裡去和蛆蟲爭食物去。那些被他們壓下的天才，都要從地獄裡升到白羊宮裡去呢！」而郭沫若的文中也說：「我國的批評家──或許可以說是沒有──也太無聊，黨同伐異的劣等精神，和卑鄙的政黨者流不相上下」，「簡直視文藝批評為廣告用具」，還「愛以死板的主義規範活體的人心」，「簡直可以說是狂妄了。」

面對郁達夫和郭沫若無端地指責和挑釁，十天之後，「文學研究會」的沈雁冰以「損」的筆名，在《時事新報‧文學旬刊》第三十七期起，連續三期，連載〈《創造》給我的印象〉的長文，反擊郭沫若、郁達夫的文章，而且對其它「創造社」成員的創作，如張資平、田漢、郁達夫和成仿吾都逐一加以評說。沈雁冰還指出，「創造社」「現在與其多批評別人，不如自己多努力，而想當然的猜想別人是『黨同伐異的劣等精神，和卑鄙的政黨者流不相上下』，更可不必。真的藝術家的心胸，無有不

《晨報副刊》聞一多設計的刊頭

沈雁冰（茅盾）

廣大的呀。我極表同情於『創造』社諸君，所以更望他們努力！不要掛在嘴上。」由此，一場論爭便無可避免地展開了。

然而，對於原是主動出擊的，「創造社」的成仿吾卻強詞奪理地說成他們是「防禦」者。他在〈創造社與文學研究會〉一文中說：「『文學研究會』的那一部份人，所以拼死命地與我們打架的原因，一是因為田壽昌（案：田漢）沒有理他們，所以疑及我們的全體，二是因為『文學研究會』成立的時候，氣焰正盛，一見我們沒有理會他們，很覺得我們是一些大膽的狂徒，無聊的闖入者，就想只等我們把頭現出來，要加我們以兇狠的猛擊。我們對於這種天外飛來的奇冤與無故相加的狂暴，據我　個人的意思，實在沒有值得去理會的價值；不過郁達夫或者實在忍不下去了，才開始了我們的防禦工事；而我們的行為，始終是防禦的——正當的防禦。本來防禦是很正當的事情，並且在這種暗無天日的社會裡，我們若不出來主張自己，盲目的人們，說不定真的把我們當作了劣敗者……」。

雙方論戰持續了兩年，直到一九二四年七月二十一日，「文學研究會」在《文學》週刊上發表郭沫若寄來的長信後，聲明今後除了「以學理相質以外，若仍舊毫無佐證謾罵快意，我們敬謝不敏，不再回答」，結束這場論爭。而據沈雁冰晚年回憶，這場論爭可分為四個回合：第一個回合即由郁達夫的〈藝文私見〉與郭沫若的〈海外歸鴻〉挑起，後轉為關於「文藝上的功利主義」與「無功利」的分歧。第二個回合是由「如何介紹歐洲文學的討論」牽扯到所謂「人生派」、「藝術派」的爭論。第三個回合是關於創作評論的論爭。直到半個世紀後，沈雁冰依然認為：「曾由『創造社』加給『文學研究

會」的各種罪名，如『黨同伐異』，『自家人的創作譯品，或出版物，總是極力捧場』，『團體外的作品……便一概加以冷遇』等，不久就由『創造社』本身表現了出來。『創造社』的批評家和理論家是成仿吾，所以他也就成了這方面的代表，以至得了個雅號『黑旋風』。」第四個回合是關於翻譯錯誤問題。沈雁冰回憶：「這類問題量最大，佔了論戰的大部分時間」，他認為這一論戰「夾進了太多的意氣和成見，以至成了一場護自己之短，揭他人之痂，諷刺、挖苦乃至罵人的混戰，徒傷了感情」，又説「這是整個論戰中最無積極意義的一部份」。

「文學研究會」與「創造社」的論爭，一般常會被認為是「為人生而藝術」與「為藝術而藝術」或「現實主義」與「浪漫主義」之爭。其實在很早，郭沫若就極為坦率地承認：「『文學研究會』和『創造社』並沒有什麼根本的不同，所謂『人生派』與『藝術派』都只是鬥爭上使用的幌子。」他又説：「『文學研究會』的幾位作家，如像魯迅、冰心、落華生、葉聖陶、王統照，似乎也不見得是一個葫蘆裡面的藥。……所以在我們現在看來，那時候的無聊的對立只是在封建社會中培養成的舊式的文人相輕，更具體地説，便是行幫意識的表現而已。」

但論者指出，「文學研究會」與「創造社」的衝突，已經不是傳統意義上的文人相輕和門戶之爭，而是一場帶有明顯的「誰主沉浮」性質的主流話語大角鬥。亦就是説兩個社團流派，如武俠小説中的「華山論劍」，誰都想爭得「天下第一」。其實「創造社」成立的構想原早於「文學研究會」，因此當鄭振鐸寫信給田漢，並邀郭沫若一

同加入「文學研究會」成為發起人時，田漢既沒有轉告郭沫若，也沒有回覆。後來郭沫若從日本回到上海，當時鄭振鐸也剛到上海工作不久。鄭振鐸、沈雁冰邀請郭沫若在半淞園聚會午餐，再次熱情邀請他參加「文學研究會」，郭沫若藉故推辭（實際因為此時他正與郁達夫等醞釀成立「創造社」），但答應「盡力地幫助」。同年夏天「文學研究會」又兩次請郭沫若參加，均遭謝絕。

「創造社」的晚於「文學研究會」的成立，最主要的因素是他們找不到一家出版社來出版他們的刊物。即使像「文學研究會」般地以商務印書館的《小說月報》為「代用刊物」，亦不可得。因此直到數十年後，成仿吾還為此事感到忿忿不平，並承認後來「創造社」和「文學研究會」的對立與這種不幸有關。他說：「當時書店老闆看我們都是窮青年，不幫助我們。這也是當時我們與『文學研究會』有分歧的原因之一，因為『文研會』是有資本家、老闆支持的。」

其實當時的鄭振鐸，雖然已辦過兩個刊物，也產生了一些社會影響，他本人還在《晨報副刊》、《時事新報‧學燈》等報刊發表過作品，但他深深覺得只憑他們的知名度，是不足以使上海各書局接受他們的計畫。於是，「拉名流」便成為他們發起工作中的一個重要步驟。據鄭振鐸夫人高君箴的回憶，「文學研究會」成立時，「有人提議請幾位有名望的作家和學者參加，振鐸和其他幾個人就提了魯迅先生。但當時他們都是毛頭小伙，誰都不認識魯迅，於是振鐸便自告奮勇，寫了一封聘請先生的信，由周作人交給先生。但那時魯迅在教育部任職，據說根據當時『文官法』規定：凡政治官員不能和社團發生關係，因此沒有參加。但先生對這個組織一直是十分關懷和支持的，

鄭振鐸與夫人高君箴

他後來常為沈雁冰與振鐸先後主編的《小説月報》撰稿。」而「文學研究會」除以「周作人」為首席發起人外，列名第一號會員為朱希祖，當時為北京大學教授。第二號會員為蔣百里，當時為北洋政府總統府軍事處參議，其資歷名望與社會關係都能夠為一個原本由幾個青年策劃的文學團體所借重。例如，鄭振鐸、耿濟之去找商務印書館編譯所負責人張元濟商談雜誌的事，就是出於蔣百里的介紹。由此可見鄭振鐸運籌擘劃的功夫是遠遠超過了郭沫若的。因此，「太會拉人」也成了日後「創造社」攻擊「文學研究會」的一項罪狀。

輸掉「第一」的寶座，「創造社」的同仁自是深感不平。何況「文學研究會」一成立，便擺出了包納一切，領導潮流的架勢。發表於《小説月報》十二卷一號的〈「文學研究會」宣言〉（此宣言還先後刊於北京《晨報》、上海《民國日報‧覺悟》及《新青年》雜誌，可謂造足了聲勢。）中有「希望不但成為普通的一個文學會，還是著作同業

的聯合的基本」以及「結成一個文學中心的團體」的提法。發表於同期《小説月報》的〈「文學研究會」簡章〉第九條還規定「本會會址設於北京，其京外各地有會員五人以上者得設一分會」。雖然後來取消了「分會」的説法，但是「文學研究會」領導全國新文學潮流的意圖，仍是郭沫若、郁達夫等人所能覺察得到的，也是他們至為反感的地方。

因此「創造社」向「文學研究會」發難了，「壟斷文壇」的指責，絕非出於偶然，更不是郁達夫個人一時的心血來潮，而是發自對「文壇上生存競爭非常險惡」的體認，是經過討論，經過選擇，而採取的不畏「孤立」而主動出擊的態度。尤其是在「創造社」的成立時間已晚於「文學研究會」的局面下，要如何創造「異端」的形象，要如何鋒芒畢露的亮相，在在都是他們考慮的重點。於是就在《創造》季刊出版前的半年多，這份措詞激烈的〈純文學季刊《創造》出版預告〉，可謂先聲奪人，他們向「文學研究會」宣戰，有著另起爐灶，另立正宗的味道。奪回話語權，是「創造社」引爆論爭的目的。在蒼茫的大地，「誰與爭鋒」，顯示他們「永不服輸」的個性。

第二章

京海之爭

中國新文學發軔於北京，這當然和蔡元培所主持下的北京大學的文化地位及社會影響密不可分，但十年不到，尤其在一九二七年前後，當時北洋軍閥政府處於崩潰前夕，經濟方面極度匱乏，而在政治上卻加緊了壓迫，一次次地製造血腥慘案，於是大批知識份子被迫離開北京，北京的文化中心地位也隨之南移。而此時的上海不僅已成為中國的經濟中心，更是動亂不已的中國一個繁榮的孤島。尤其是帝國主義的租界，為白色恐怖統治下的中國革命作家提供了隱身之地。例如魯迅為躲避國民黨的迫害，在上海的短短十年間，他多次前往租界避難。他意味深長地將自己的雜文集題為《且介亭雜文》，就字面上看「且介」為「租界」的一半，正說明了這種半租界的意義，而也正由於「半租界」，才為他的《二心集》、《偽自由書》，提供了生存的機會。而另外還有為了生活而南來的作家，例如沈從文。作為一個

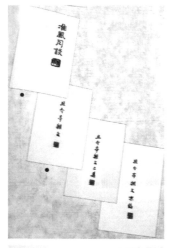

魯迅的著作之一

職業作家，他無法離開出版界而生存下去，於是當曾出版過他作品的北新書局遷往上海時，沈從文也毅然決然地離京南下。於是從北京南下的有魯迅、胡適、沈從文、徐志摩、丁西林、葉公超、聞一多、饒孟侃、胡也頻、丁玲等人；從北伐前線退回上海的有郭沫若、沈雁冰、蔣光慈、阿英、孟超等人；從日本留學歸國的有夏衍、李初梨、成仿吾等人；從東北淪陷區來的有蕭軍、蕭紅、端木蕻良等人；從四川來的有沙汀、艾蕪等人；還有從湖南來的葉紫。一時之間，上海文壇出現了前所未有的繁盛局面，各種文學流派，各種文學樣式，共存於上海。

一九三三年夏天，沈從文重新返回北平，他已經開始成為北方文壇的領袖。同年十月，他在《大公報・文藝副刊》上發表了〈文學者的態度〉一文，指斥「一群玩票白相文學作家支持著所謂文壇的場面」，「這類人在上海寄生於書店、報館、官辦的雜誌；在北京則寄生於大學、中學以及種種教育機關

中」。他們「以放蕩不羈為灑脫」，「以終日閒談為高雅」，不事創作而專重廣告。他說：「假若我們對中國文學還懷了一份希望，我覺得最需要的就是文學態度的改變。」沈從文在文章中嚴厲地批評了浮薄的風氣，其意是要提倡一種嚴肅的創作態度。

此文發表後，在上海的蘇汶（杜衡）馬上在《現代》雜誌上發表〈文人在上海〉一文為「海派」辯護。他抱怨上海的文人「時常被个居留在上海的文人帶著某種惡意的稱為『海派』」。他承認上海文人的生活明顯地受著金錢的支配，創作帶有明顯的商業化色彩，但「在上海的文人不容易找到副業（也許應該說『正業』！），不但教授沒份，甚至再起碼的事情都不容易找，於是在上海的文人更急迫的要錢，這結果自然是多產，迅速的著書，一完稿便急於送出，沒有閒暇擱在抽斗裡橫一遍豎一遍的修改。這種不幸的情形不幸是有，但我不覺得這是可恥的事情。」

針對蘇汶的辯解，沈從文再寫了

沈從文

蕭軍與蕭紅

杜衡

〈論「海派」〉一文。明確定義：「『名士才情』與『商業競賽』相結合，便成立了我們今天對海派這個名詞的概念。」他進一步對「海派」作了詳細的說明：「『投機取巧』，『見風使舵』，如禮拜六派（案：指鴛鴦蝴蝶派）一位某先生，到近來也談哲學史，也說要左傾，這就是所謂海派。如邀集若干新斯文人，冒充風雅，名士相聚一堂，吟詩論文，或遠談希臘羅馬，或近談文士女人，行為與扶乩猜詩謎者相差一間。從官方拿到了點錢，辦什麼文藝會，招納子弟，哄騙讀者，思想淺薄可笑，伎倆下流難言，也就是所謂海派。感情主義的左傾，勇於獅子，一看情形不對時，即刻自首投降，且指認栽害友人，邀功牟利，也就是所謂海派。因渴慕出名，在作品之外去利用種種方法招搖；或與小刊物互通聲氣，自作有利於己的消息；或每出一書，各處請人批評；或偷掠他人作品，作為自己文章；或借用小報，去製造謗人謠言，傳述攝取不實不信的消息，凡此種種，也就是所謂海派。」

　　雖然沈從文強調「茅盾、葉紹鈞、魯迅，以及大多數正在從事於文學創作的雜誌編纂人」不屬於海派，但他這篇文章，還是引起上海文人的強烈反應。曹聚仁因此寫了〈「京派」與「海派」〉，有力地嘲弄了自命風雅脫俗的「京派」文人。魯迅也寫了同樣題目的文章，對「京派」與「海派」的文化現象作出剖析：「北京是明清的帝都，上海乃各國之租界，帝都多官，租界多商，所以文人之在京者近官，沿海者近商，近官者在使官得名，近商者在使商獲利，而自己也賴以餬口。要而言之，不過『京派』是官的幫閒，『海派』則是商的幫忙而已。但從官得食者其情狀隱，對外尚能傲然，從商得食者其情狀

顯，到處難於掩飾，於是忘其所以者，遂據以有清濁之分。而官之鄙商，固亦中國舊習，就更使『海派』在『京派』的眼中跌落了。」

在這場論爭中，沈從文除在表層意義批評海派文學的商業化外，更深層意義則是政治性的，他隱含了對將上海做為大本營的左翼文學的某種批評。他在文中說：「正值某種古怪勢力日益膨脹，多數作家皆不能自由說話的此時，什麼人從我所提出的一個問題來加以討論，想得出幾個辦法；或是從積極方面來消滅這種與惡勢力相呼應的海派風氣，或是從消極方面能制止這種海派風氣與惡勢力相結合。」這些話語在在顯示出他對政治勢力對文學的干涉和利用的不滿。而魯迅與曹聚仁則無視沈從文在文章中表達得再清楚不過的詞句，顯然都刻意地要「誤讀」沈從文。曹聚仁援引了「京派」批「海派」的文字之後，接著就是滿篇的反話：「海派之罪大惡極至此，雖用最黑的咒語詛咒它滅亡，亦不為過」，「所以，海派文人百

魯迅

蕭乾

卞之琳

無一是，固矣」。而魯迅的幾篇文章都用譏諷語開頭：「自從北平某先生在某報有揚『京派』而抑『海派』之言」，或者是「去年春天，京派大師曾經大大的奚落了一頓海派小丑」。在他們皮里陽秋的筆法中，確實都偏袒了「海派」。其實就魯迅而言，他當時單獨面對「海派」時，他何曾網開一面過？他批評張資平、葉靈鳳、曾今可、章克標、穆時英，批評上海的文化、香港的文化，描摹上海的少女、上海的娘姨，嬉笑怒罵，言詞何等嚴正苛刻，然而當「京派」、「海派」同時進入他的文化批評視野時，他就發生傾斜了。其因乃在魯迅視「京派」是傳統的流風餘韻，是從古久先生陳年簿子裡流出來的東西；而「海派」則是現代的畸形產物，是摩登女郎唇邊的一抹猩猩的口紅。前者是封建邪惡，後者是現代流弊。封建性的惡，仍然是「封建」的；現代的流弊，畢竟已是「現代」。因此魯迅在體會到舊傳統的無比強大，便迅速做出了獨特的反應。

其實不管「京派」或「海派」，它們都不是由於文學社團的結合而形成的文學流派，而是區域性文化在文學上的反應。京派的成員主要是五四時期的文學社團──「文學研究會」、「語絲社」和「現代評論社」滯留在北京的部分成員，如周作人、俞平伯、廢名（馮文炳）、楊振聲、凌叔華、沈從文，以及一批後起之秀，如林徽音、蕭乾、蘆焚（師陀）、何其芳、李廣田、卞之琳，以及理論批評家朱光潛、梁宗岱、李健吾（劉西渭）等。這些人中有許多都是北大、清華的名教授或學生，他們對政治相對冷淡和不信任，他們專心從事文化建設，而北平又為他們提供了一個遠離時代風雨的象牙之塔，因此在這樣一個相對孤立、封閉、靜止、自足的環境中，形成了一種溫和、從容、舒緩、閒適、雅緻的生活態度和文學風格，和上海那種峻急、尖銳、緊張、豔異、變幻的風格迥異其趣。除此而外，優雅的、經常性的沙龍聚會是「京派」形成和活動的重要方式之一。比如在

朱光潛及其夫人

梁宗岱晚年

《水星》

《文學雜誌》

劉吶鷗（左）

北平後門朱光潛家裡按時舉行的「讀詩會」，在梁思成夫人林徽音在北平東總布胡同的「太太客廳」的文人聚會，以及蕭乾主持《大公報·文藝副刊》時，每月一次在北平中山公園來今雨軒的約稿會。而期刊和文學副刊等媒體是「京派」形成的重要條件。包括有《大公報·文藝副刊》，以及《駱駝草》、《文學月刊》、《水星》和朱光潛主編的《文學雜誌》等。

在「京海論戰」中，師陀說：「這筆戰開不了，因為絕沒人自居『海派』，自稱『京派』的也許有人。」是的，「海派」與其說是一個具體的歷史存在，不如說是「京派」的一個想像和虛構，是用來闡明「京派」的文學獨立性的主張以及有關文學尊嚴的聲稱的一個方便的「他者」。論者指出，清末廢科舉之後，一批蘇州、常州、揚州的落魄才子，在上海洋場寫鴛鴦蝴蝶派小說，被稱為「老海派」。學者吳福輝則認為不具備現代質的前洋場文學，是中國現代都會尚未成型時期的文化促成

的。嚴格地講，他們不能稱為「海派」
（或者稱其為舊海派）。而所謂海派文
學，他認為「第一，它應當最早最多地
『轉運』新的外來文化。而在二十世紀
之初，它特別是把上一世紀與本世紀之
交的的世界最近代的文學，吸攝進來，
在文學上具有某種前衛的先鋒性質。第
二，迎合讀者市場，是現代商業文化的
產物。第三，它是站在現代都市工業文
明的立場上，來看待中國的現實生活與
文化的。第四，所以它是新文學，而非
充滿遺老遺少氣味的舊文學。這四個方
面合在一起，就是海派的現代質。而符
合這樣品格的海派，只能在二〇年代末
期以後發生。那就是劉吶鷗、施蟄存、
穆時英、戴望舒、杜衡、章衣萍、曾虛
白、張愛玲、徐訏、無名氏諸人。他們
不都在同一時期湧出，有的在三〇年代走
紅，有的在四〇年代成為暢銷書作家。」

　　而海派文化性格的核心是趨時務
實，也造成趕時髦、看風頭、圓滑的習
氣。它重功利、重物質，它的精神是
入世的。這種精神比較膚淺的一面，

施蟄存

戴望舒

徐訏

《靈鳳小說集》封面為葉靈鳳的畫

便是享樂主義，不隱藏食色二性。除此而外，海派作家大半有一種「才子」情結。他們之中，留學生、大學生居多，中西文化都通，又多才多藝，文學之外還有他們的專業，如張資平本行是地質學，章克標在大學理學院教的是數學，徐訏在北大讀的是哲學、心理學。劉吶鷗富語言才能，「對於日文及英文根底甚深，後來又在上海震旦大學攻讀法文」，「對中國方言也很擅長。北京話、上海話、廣東話以及廈門話，均能應答如流」。海派又多善畫者，葉靈鳳、張愛玲、梁得所、東方蝃蝀、曾慶嘉，都有畫作發表，會做插圖和裝幀設計。海派的知識結構是見聞雜而不精深，廣採博收而不泥古守舊。

在審美追求上，京派重鄉土民俗，海派重洋場聲色。京派使自然人性帶上浪漫情調的神性，海派則使現代都市性意識蒙上死亡的陰影。當海派讓人們目眩於洋場的霓虹燈的時候，京派卻讓人耳聞了遙遠的山寨的巫歌與鑼鼓，而這正是中國現代文學的多樣性！！

第三章

從詩人到戰士

——創造社的圍攻魯迅

一九一九年五月四日，雖然只是一個春夏之交的日子，但對於古老中國而言，卻因此而進入一個生機蓬勃的嶄新文化的胎動期。而在這前一年的夏天，郭沫若在日本博多灣海岸遇見張資平，他們談到「找幾個人來出一種純粹的文學雜誌，採取同人雜誌的形式，專門收集文學上的作品」；並商定邀請同在日本唸書的郁達夫、成仿吾參加。九月，成仿吾到福岡，郭沫若即將此提議向他提出，成仿吾甚表贊同，但主張「慢慢地徵集同志，不要著急」。此後他們四人不斷通信聯繫，努力進行創作，積極「徵集同志」。一九二一年四月初，郭沫若和成仿吾從日本回到上海，成仿吾不久去湖南，郭沫若則留在上海，在泰東圖書局擔任未正式受聘之編輯，一面籌備出版同人雜誌。但因人力單薄，兩個月仍無結果。後來泰東同意出版他們的雜誌，郭沫若於是決定再回日本，「巡訪各地的朋友們，定出一些具體的辦

法」。首先他在京都拜訪鄭伯奇、張鳳舉、穆木天等人，後又到東京會見郁達夫、田漢等人。於是「創造社」在一九二一年六月上旬，正式成立了。

然後同年八月五日郭沫若的新詩集《女神》出版了，雖然郭沫若不是最早寫新詩的，在這之前胡適、劉半農、沈尹默、周作人、俞平伯等人都發表過白話詩，但郭沫若的《女神》卻使當時幾乎所有新詩的嘗試都黯然失色。它曾使正在寫新詩的清華學校高等科學生聞一多為之震驚。聞一多「每每稱道郭君為現代第一詩人」，他「服膺《女神》幾乎五體投地」。後來聞一多還滿腔熱情地寫道：「若講新詩，郭沫若君底詩才配稱新呢，不獨藝術上他的作品與舊詩詞相去最遠，最要緊的是他的精神完全是時代的精神———二十世紀底時代的精神。有人講文藝作品是時代底產兒，《女神》真不愧為時代底一個肖子。」《女神》開啟了「創造社」表現孤高鶩遠的浪漫趨向情緒的風氣。

而同年十月十五日郁達夫的小說

郭沫若的著作

集《沉淪》出版了，它成為新文學的第一部小說集。（它早葉聖陶的小說集《隔膜》五個月，早冰心的小說集《超人》十九個月，早魯迅的小說集《吶喊》二十二個月。）《沉淪》一問世，就引起了不同凡響的轟動，有的青年甚至連夜乘火車到上海去買《沉淪》。它帶動了「自敘傳」浪漫抒情小說創作浪潮的興起。當然這和「創造社」諸人受中國古代詩文的感傷傳統薰染，又特別喜歡西方文學中以自我情緒表現為主的感傷型作家，如歌德、盧梭、華茲華斯、濟慈、雪萊、魏爾倫、惠特曼、王爾德等有關；同時他們又受日本文壇以永井荷風、谷崎潤一郎、佐藤春夫為代表的唯美主義，和以田山花袋、德田秋聲、葛西善藏、志賀直哉為代表的「私小說」的影響。

　　「異軍突起」的「創造社」高擎浪漫主義的大纛，橫空出世，氣吞八方。郭沫若的《女神》和郁達夫的《沉淪》，借助狂飆突進的時代羽翼，把浪漫主義張揚到了極致。苦悶、哀傷、低吟、淺唱、呼喚、吶喊、憤怒、抗爭匯成了一闋雄渾豪邁而又不很諧調的青春交響樂。正如鄭伯奇所說：「在五四運動以後，浪漫主義的風潮的確有點風靡全國青年的形勢。『狂風暴雨』差不多成了一般青年常習的口號。」難怪有人驚呼：五四，浪漫主義的時代！然而，當歷史的腳步跨進三〇年代後，浪漫主義雖然不曾「銷聲匿跡」，但著實從輝煌的顛峰跌入谷底。而在這期間「創造社」出現「方向轉換」，他們從文學革命走到革命文學，從詩人變成了戰士。當無產階級革命文學由一群曾極力標榜「表現自我」，具有唯美傾向的「藝術派」作家來首倡，而不是在文學精神上更貼近革命文學的「人生派」作家來提出，無論如何都太有點戲劇性了。

郭沫若譯之《社會組織與社會革命》

　　其實在一九二三年後，前期「創造社」成員已朦朧地感覺到，他們堅持的小資產階級個性主義、人道主義以及文學「表現自我」的主張，和文學要求反映現實生活的歷史使命之間，有著明顯的差距。而一九二四年郭沫若因事業與生活受挫，再次赴日，通過翻譯日本經濟學家河上肇介紹馬克思主義的著作《社會組織與社會革命》一書後，認為自己得到了「理性的背光」，「從半眠狀態裡喚醒了」，從此把以前「深帶個人主義色彩的想念全盤改變了」。據此，一般有關郭沫若研究的論著都認定他此時開始成為馬克思主義者了。學者蔡震（註1）則指出，馬克思主義對於此時的郭沫若，還沒有真正作為一種思想信仰去追求，而在很大程度上只是經歷了「五四」退潮期的幻滅感後，又為理想主義找到了歸宿。他們從馬克思為人類社會描繪的理想圖畫、從蘇聯十月革命後建立的第一個社會主義國家，從國內日益高漲的工農運動中獲得一股強烈的感性衝擊，一種洋溢著希望和新生的憧

憬的驚喜。這對於需要理想激情來支撐其人生信念和藝術追求的浪漫派詩人們，已經足夠激起巨大的情感共鳴了。

　　然而就整個「創造社」而言，這一時期並沒有同步於郭沫若的「劇變」，而只是呈現了某些變化前的躁動。他們對文學之外的社會問題開始關注了，但也只限於空洞的叫喊。而到一九二六年三月十八日，郭沫若、郁達夫、王獨清應廣東大學之聘，同赴廣州。廣東在當時是中國革命的策源地，「創造社」主要成員投身在這一社會、政治、文化氛圍中，已從空洞的叫喊到實際參加了國民革命。（後來郭沫若、李一氓、陽翰笙都相繼加入北伐的陣營中；而成仿吾、鄭伯奇也先後在黃埔軍校任教官）。這使得「創造社」作家開始為革命文學搖旗吶喊，從而使倡導革命文學成為「創造社」的社團意識和社團主張。尤其是郭沫若發表於同年五月十六日《創造月刊》第一卷第三期的〈革命與文學〉一文，更是在「中國文壇上首先倡導革命文學的第一聲」。他把原先提倡的

《創造月刊》

「藝術就是人生，人生就是藝術」的命題，演繹為「文學就是革命，革命就是文學」的命題。他認為「文學和革命是一致的，並不是兩立的」。某一時期的革命文學到了新的社會制度出現之後，就喪失了革命價值而淪為死文學或反革命文學。浪漫主義文學隨著資產階級革命應運而生，是當時的革命文學。但到了無產階級革命運動興起，浪漫主義文學便成為反革命文學。只有「在精神上是徹底同情於無產階級的社會主義的文藝，在形式上是徹底反對浪漫主義的寫實主義的文藝」，才算得上是革命文藝。

事實上，郭沫若、成仿吾等「創造社」元老，在後期「創造社」中已經失去了先鋒和核心的地位，而郁達夫也在一九二七年八月十五日在上海的《申報》和《民國日報》上刊登啟事，宣佈正式脫離「創造社」。一九二八年無產階級文學的前衛非馮乃超、李初梨、朱鏡我、彭康等這批從日本歸國的「創造社」新成員莫屬了。郭沫若在〈文學

馮乃超

革命之回顧〉一文也說：「新銳的鬥士朱、李、彭、馮由日本回國，以清醒的唯物辯証論的意識，劃出一個『文化批判』的時期。『創造社』的新舊同人，覺悟的到這時候才真正的轉換了過來。不覺悟的在無聲無影之中也就退下了戰線。」

這批挾著一股激進、銳利之氣的「新銳鬥士」，有些本身就是日本無產階級文學運動的參與者，他們深受福本主義和藏原惟人的影響。福本和夫與藏原惟人都是日共黨員。福本的兩個口號，一是「理論鬥爭」，一是「分離結合」。他認為藝術只是煽動的手段，文藝運動要理所當然地成為一種思想教化運動。而藏原惟人的文藝思想明顯地烙印著普列漢諾夫、弗里契和「拉普」派（俄國無產階級作家聯合會的簡稱）的複雜印記。他的「文藝和政治是由階級鬥爭的實踐所辯証統一的了，而文藝本身就是政治的一定形式」的說法，不僅給日本，也給三○年代的中國文壇帶來了負面影響。

一九二八年一月十五日《文化批判》月刊創刊，由朱鏡我、馮乃超編輯，這是「創造社」後期的重要理論刊物。成仿吾在創刊號的〈祝詞〉中宣告：「這是一種偉大的啟蒙。」其意是當五四文學革命是資產階級性質的啟蒙運動的話，那麼《文化批判》就是無產階級性質的啟蒙運動。他們一心要舉出「文化批判」的旗幟，清算和結束五四文學革命，並且要在中國掀起一場嶄新的馬克思主義的宣傳運動。而由於他們受日本文壇的影響，在他們回國後，也決意使中國文壇的「既成作家」「轉換方向」。於是在《文化批判》的創刊號上，馮乃超發表了〈藝術與社會生活〉，對於「中國渾沌的藝術界的現象作全面的批判」。他們運用福本主義中的「分離結合」（「必須在聯合

《文化批判》

《創造周報》

之前，首先徹底地分裂」）的說法，對魯迅、葉聖陶、郁達夫、張資平所代表的「五四」新文學進行了全面的清算與批判。（註2）同時也打破了「創造社」元老們已計劃好聯合魯迅，「復活」《創造周報》，以「重做一番新的工作」的設想。（案：對於此事論者衛公（註3）指出是郭沫若等人犧牲了「創造社」與魯迅的團結而求「創造社」內部的團結，只顧防止內部的分裂而不顧聯合戰線的破裂。）馮乃超在文中批判魯迅是「非革命傾向」的「沒落」作家，只是「醉眼陶然地」眺望人生，反映「變革期中的落伍者的悲哀」、「無聊賴地……說幾句人道主義的美麗的說話」的「隱遁主義者」。

繼馮乃超之後，成仿吾的〈從文學革命到革命文學〉中認為魯迅等人「所矜持的是『閒暇，閒暇，第三個閒暇』；他們是代表著有閒的資產階級，或者睡在鼓裡面的小資產階級，他們超越在時代之上；他們已經這樣過活了多年，如果北京的烏煙瘴氣不用十萬兩無煙火藥炸開的時候，他們

也許永遠這樣過活的罷。」而李初梨在〈怎樣地建設革命文學〉一文
中則攻擊魯迅搞「趣味文學」，說這是拉攏社會中間層的「魚餌」、
蒙蔽舊社會惡習的「護符」和麻醉青年的「鴉片」，並厲聲責問魯迅
「是第幾階級的人」、「寫的是『第幾階級的文學？』」。對此，魯
迅寫了〈「醉眼」中的朦朧〉一文進行反駁。魯迅用諷刺的筆法，反
諷了馮乃超的所謂「醉眼陶然」，還戲說「最好還是讓李初梨去『由
藝術的武器到武器的藝術』，讓成仿吾去坐在半租界裡積蓄『十萬兩
無煙火藥』」。他揭示了「革命文學」倡導者的局限，他們的理論中
有許多含糊不清的問題。魯迅此文一出，標誌著論爭的開始。接著李
初梨寫〈請看我們中國的Don Quixote的亂舞——答魯迅「醉眼」中的
朦朧〉，竟說魯迅「『無聊』而且『無知』」，是「一個戰戰兢兢的
恐怖病者」，甚至「對於布魯喬亞泛是一個最良的代言人，對於普羅
列塔利亞是一個最惡的煽動家！」。而彭康的〈「除掉」魯迅的「除
掉」！〉文中也說，魯迅的「朦朧」，「一是對於理論的沒理解，一
是對於事實的盲目。」他還挖苦魯迅坐在「黑房」裡，「朦朧」變
了黑暗，「醉眼」變了瞎眼，走動起來當然要「碰壁」。石厚生（成
仿吾）在〈畢竟是「醉眼陶然」罷了〉中，把魯迅比喻為「中國的唐
吉訶德，不僅害了神經錯亂與誇大妄想諸症，而且同時還在『醉眼陶
然』；不僅見了風車要疑為神鬼，而且同時自己跌坐在虛構的神殿之
上，在裝作鬼神而沉入了恍惚的境地。」還說魯迅「暴露了自己的朦
朧與無知，暴露了知識階級的厚顏，暴露了人道主義的醜惡罷。」

　　針對這些無端的攻擊，魯迅都義正辭嚴地給予了反擊。他連續
發表了〈文藝與革命〉、〈扁〉、〈路〉、〈通信（並Y來信）〉、

阿英（錢杏邨）

《太陽月刊》

<太平歌訣>、<我的態度氣量和年紀>、<革命咖啡店>、<文壇掌故>、<文學的階級性>、<現今的新文學的概觀>等一系列文章。其中<我的態度氣量和年紀>一文，批評了「創造社」搞宗派主義的不正之風，魯迅指出，他們因為不能在理論上進行鬥爭，只好用「籍貫、家族、年紀，來做奚落的資料」，施行人身攻擊，「於是『論戰』便變成『態度戰』，『氣量戰』，『年齡戰』了」。

而這些論點卻引發了郭沫若署名杜荃寫的<文藝戰線上的封建餘孽——批評魯迅的「我的態度氣量和年紀」>的攻擊。郭沫若認為魯迅如此尊重籍貫、家族、年紀，甚至自己的身體髮膚，「這完全是封建時代的觀念」，這表明「魯迅的時代在資本主義以前」，「更簡切地說，他還是一個封建餘孽」，因為魯迅「連資產階級的意識形態都還不曾確實的把握」。郭沫若設問道：「他自己的立場呢？是資產階級？是為藝術的藝術家？是人道主義者？」郭沫若

以滑稽的句式回答說：「否！否！否！不是，不是，不是！」那麼魯迅是什麼呢？郭沫若給他戴上了三頂大帽子：一是「資本主義以前的一個封建餘孽」，二是「二重的反革命的人物」，三是「一位不得志的Fascist（法西斯諦）！」。對於郭沫若的亂扣帽子的文章，也許魯迅認為不值得一提罷，並沒有專門為文反駁。不過，散見於若干文章的零星挖苦是有的。到了一九二九年十一月前後，據「太陽社」的阿英等人的回憶，中共江蘇省委由李富春出面，代表黨組織找到了「創造社」和「太陽社」中十來個黨員談話，傳達了中央指示，要求解散社團，認為他們與魯迅衝突是不對的，要與魯迅合作，以醞釀成立一個新的文學團體。從此，他們停止了對魯迅的攻擊。

　　學者曠新年（註4）對這場論爭指出，「『創造社』在揭示文學的意識形態性質之後，卻從根本上忽視和抹煞了文學的特殊性及其內在規律，從而把文學簡單地等同於政治宣傳」。而「魯迅在承認文學的社會作用、宣傳性質，甚至階級鬥爭的功能的時候，並不因此而否定文學的其他性質與功能。他認為，文學具有宣傳的性質和作用，但文學必須首先是文學，文學具有自身獨立的性質，文學具有自身內在的規律」。魯迅指出他們的嚴重錯誤之一，是他們對於中國社會，未曾加以細密的分析，便將在蘇維埃政權之下，才能運用的方法機械地運用了。另外魯迅又認為「一切文藝固是宣傳，但一切宣傳卻並非全是文藝」，「革命之所以於口號、標語、佈告、電報、教科書……之外，要用文藝者，就因為它是文藝」。針對「創造社」新銳鬥士誇大革命文學的社會功能的說法，魯迅則認為，他是不相信文藝有旋乾轉坤的力量的。

中華藝術大學

上海中國左翼作家聯盟會址

而這場論爭對魯迅的影響也頗大的，它促使魯迅思想作了某些轉變。魯迅在《三閒集》〈序言〉曾說：「我有一件事要感謝『創造社』的，是他們『擠』我看了幾種科學底文藝論，明白了先前的文學史家們說了一大堆，還是糾纏不清的疑問。」這場論戰擴大了無產階級革命運動的影響，擴大了無產階級的文化陣地，促進了雙方對馬列主義文藝理論的學習和鑽研，促進了馬列主義著作的翻譯和出版，促進了左翼文學主潮的形成，在為新的革命組織的成立，做思想與理論的準備，無疑地產生了積極的效果。

一九二九年二月七日，後期「創造社」被國民黨政府查封，出版部和一切刊物亦被查禁，遂停止活動。而到次年三月二日，中國左翼作家聯盟在上海中華藝術大學舉行成立大會，當天到會的盟員有四十餘人，大都是原「創造社」、「太陽社」、「我們社」等文藝團體成員。馮乃超、鄭伯奇報告籌備經過，潘漢年代表黨致詞，魯迅作了〈對

左翼作家聯盟的意見〉的重要講話。大會通過籌委會擬定的綱領和十七項提案，會後推定沈端先（夏衍）、馮乃超、錢杏邨（阿英）、魯迅、田漢、鄭伯奇、洪靈菲七人為常務委員。魯迅是旗手和盟主。而「創造社」前後期的主要成員如郭沫若、郁達夫、穆木天、李初梨、彭康、朱鏡我、陽翰生等人都加入了「左聯」，「創造社」從此壽終正寢，結束了它十年的活動期，它和「太陽社」等匯入了三〇年代的左翼文化大潮中。

「創造社」成立時，「沒有固定的組織」，「沒有章程，沒有機關，也沒有畫一的主義」，只是各自「本著我們內心的要求，從事文藝的活動」，他們是以個性為本位的創作者。但到了後期他們在章程明確規定：「本社領有文化的使命而奮鬥，凡社員入社後需嚴守本社社章，社內各問題各得自由討論，但一經決議後即需一致遵行。」到這時他們已漸進成為以集體（階級）為本位的批判者。接著原本是「純文學的」，卻轉變成為「反文學的」。而後又將文學變成了革命的練金術，變成「文藝暴動」。到「左聯」時期，文學和政治暴動無法區分，文學家變成了職業革命家。而「五四」時期被浪漫主義神秘化了的「文學創作」，到「左聯」時期轉換成為了秘密的貼標語、撒傳單的「行為藝術」。文學和生活的距離徹底消失了，藝術的靜觀轉變成為街頭「震驚」的瞬間。這不能不說是歷史的遺憾了！！

註1：蔡震〈論創造社的「方向轉變」〉，《延安大學學報（社會科學版）》，一九九七年第四期。

註2、4：曠新年《1928革命文學》，山東教育出版社，一九九八年。

註3：衛公〈魯迅與創造社關於「革命文學」論爭始末〉，《魯迅研究月刊》，二○○○年二月號。

附錄

魯迅與創造社
關於「革命文學」論爭文章一覽表

日期	作者	篇名	刊登出處
1928.1.15	馮乃超	藝術與社會生活	《文化批判》月刊創刊號
1928.2.1	成仿吾	從文學革命到革命文學	《創造》月刊第1卷9期
1928.2.15	李初梨	怎樣地建設革命文學	《文化批判》月刊第2號
1928.3.12	魯迅	「醉眼」中的朦朧	《語絲》周刊第4卷11期
1928.4.15	李初梨	請看我們中國的Don Quixote的亂舞－答魯迅＜「醉眼」中的朦朧＞	《文化批判》月刊第4號
1928.4.15	彭康	「除掉」魯迅的「除掉」	《文化批判》月刊第4號
1928.4.16	魯迅	文藝與革命	《語絲》周刊第4卷16期
1928.4.23	魯迅	扁、路、通信（並Y來信）	《語絲》周刊第4卷17期
1928.4.30	魯迅	太平歌訣	《語絲》周刊第4卷18期
1928.5.1	石厚生（成仿吾）	畢竟是「醉眼陶然」罷了	《創造》月刊第1卷11期
1928.5.7	魯迅	我的態度氣量和年紀	《語絲》周刊第4卷19期
1928.5.30	氓（李一氓）	魯迅投降我了	《流沙》半月刊第6期
1928.8.10	杜荃（郭沫若）	文藝戰線上的封建餘孽－批評魯迅的＜我的態度氣量和年紀＞	《創造》月刊第2卷1期
1928.8.13	魯迅	革命咖啡店	《語絲》周刊第4卷33期
1928.8.20	魯迅	文壇掌故、文學的階級性	《語絲》周刊第4卷34期
1929.4.25	魯迅	現今的新文學的概觀	《未名》半月刊第2卷8期
1930.3.1	魯迅	非革命的急進革命論者	《萌芽》月刊第1卷第3期
1931.7.27	魯迅	上海文藝之一瞥	《文藝新聞》第20期
1931.8.3	魯迅	上海文藝之一瞥	《文藝新聞》第21期

第四章

相得又疏離

——林語堂與魯迅的分合

一九三六年十月十九日魯迅在上海病逝，其時林語堂身在紐約，第二天見到電訊深感驚愕。次年一月他發表〈悼魯迅〉一文，在文中說：「魯迅與我相得者二次，疏離者二次，其即其離，皆出自然。」我們回顧林語堂和魯迅長達十一年的交往，大概可以概括為「結父——斷交——復交——絕交」四個時期，也就是林語堂所謂「相得二次、疏離二次」。其中分分合合，有其然，也有其不得不然，值得再三玩味。

說到兩人第一次「相得」時期為一九二五年十二月五日——一九二九年八月二十八日。在這將近四年的時間裡，僅在《魯迅日記》裡有案可查的林、魯交往，就有八十八次之多，不可謂不密也。

一九二四年底，《語絲》和《現代評論》雜誌分別先後在北京創刊，新文化陣營裡的分化進一步加劇，北大教授們形成了壁壘分明的兩派，前者以周氏兄弟為首（雖然當

林語堂

《語絲》

時兄弟已失和），後者以胡適為領袖。林語堂與胡適同為北大英文系的同事，系裡的教授陳西瀅和溫源寧等人皆為胡適派的要角，按說林語堂參加胡適派是合乎邏輯的。然而出人意表的，林語堂卻成為周氏兄弟的忠實盟友，成為「語絲」派的急先鋒。在女師大學潮、五卅運動和「三・一八」慘案中，林語堂站在群眾運動方面，寫了〈祝土匪〉、〈說文妖〉、〈讀書救國謬論一束〉、〈丁在君的高調〉、〈悼劉和珍楊德群女士〉等文，對封建軍閥政府及走狗文人，進行了揭發和鬥爭。這些文章後來多數收入開明書店出版的《剪拂集》中，這標誌著林語堂作為「語絲社」成員的戰績。同時他和魯迅目標一致，對段祺瑞政府和「現代評論派」，展開激烈的批判。

接著段祺瑞於一九二六年四月間被迫下台，直系軍閥吳佩孚和奉系軍閥張作霖盤據北京，恐怖氣氛籠罩全城。這時報上傳布軍閥政府予以通緝的五十人名單，林語堂也名列其中。於是，一

場自北向南的「大遷徙」和「大逃亡」
開始了。林語堂於是來到廈門大學,任
語言學正教授、文科主任兼研究院總秘
書。魯迅則應林語堂之邀,也赴廈門大
學任教,然而後來因為學校當局克扣文
科經費,違背了出版魯迅學術著作的
諾言,再加上「現代評論派」的勢力
(顧頡剛等人)的不斷入侵,致使魯迅
改變在廈大任教兩年的計劃,提早於
一九二七年一月轉赴廣州,任廣州中山
大學教職。而林語堂也於同年吞天離開
廈大,去了武漢。雖然如此,他們兩人
的關係還是相當融洽的。林語堂在〈悼
魯迅〉文中說:「我請魯迅先生至廈門
大學,遭同事擺佈追逐,至三易其廚,
吾常見魯迅開罐頭在火酒爐上以火腿煮
水度日,是吾失地主之誼,而魯迅對我
絕無怨言,是魯迅知我。」

　　一九二七年十月三日,魯迅偕同
許廣平從廣州到了上海,而早在一個月
前從武漢回到上海的林語堂得知後,當
天晚上就去拜訪魯迅,《魯迅日記》
寫道:「玉堂(林語堂)、伏園、春台

《現代評論》

《剪拂集》書影

（案：孫伏園之弟孫福熙）來訪，談至夜分。」而第二天，「午前伏園、春台來，並邀三弟（案：周建人）及廣平至言茂源午飯，玉堂亦至。下午六人同照相。」這張六人合影，就是一般人盛傳的魯、許的「結婚照」，參加者都為魯迅最親近的人。

一九二九年八月二十八日，《魯迅日記》云：「……晚霽。小峰來，並送來紙版，由達夫、矛塵（案：章川島）作證，計算收回費用五百四十八元五角。同赴南雲樓晚餐，席上又有楊騷、語堂及其夫人、衣萍、曙天。席將終，林語堂語含譏刺，直斥之，彼亦爭持，鄙相悉現。」這是兩人因衝突而第一次「疏離」的時候，從此到一九三三年一月十一日止，在這三年又四個月的時間裡，《魯迅日記》裡沒有任何有關兩人交往的記載。

至於兩人發生衝突的具體情況為何，魯迅始終沒有提及，而林語堂直到一九七四年才舊事重提，但因經過四十餘年，有些情況是誤記了。事情的起因

魯迅與許廣平的「結婚照」

是由於北新書局老板李小峰因拖欠不付
魯迅稿酬事，魯迅因版稅問題長期得不
到解決，又聽說李小峰將錢拿去開紗
廠了，故委託律師楊鏗代為交涉。李
小峰得知後，要求和解，並電請當時
在杭州的郁達夫參與調停，郁達夫又
請章廷謙（川島）來滬一同調解。八月
二十五日在楊律師處調解達成協議，魯
迅答應暫時不提出訴訟，「北新願意按
月攤還積欠兩萬餘元，分十個月償還；
新欠則每月致送四百元，絕不食言。」
因此才有八月二十八日李小峰在南雲樓
設宴之事。根據當時在場的郁達夫後來
的回憶：「衝突的原因，是在一個不在
場的第三者，也是魯迅的學生，當時也
在經營出版事業的某君。（案：指張友
松）。北新方面，滿以為這一次魯迅的
提起訴訟，完全係出於這同行第三者的
挑撥。而忠厚誠實的林語堂，於席間偶
爾提起了這一個人的名字。魯迅那時大
約也有了一點酒意，一半也疑心語堂在
責備這第三者的話，是對魯迅的諷刺；
所以臉色發青，從座位裡站了起來，大

林語堂與夫人廖翠鳳

聲的說：『我要聲明！我要聲明！』他的聲明，大約是聲明並非由這第三者的某君挑撥的。語堂當然也要聲辯他所講的話，並非是對魯迅的諷刺；兩人針鋒相對，形勢真弄得非常的險惡。在這席間，當然只有我起來做和事佬；一面按住魯迅坐下，一面我就拉了語堂和他的夫人，走下了樓。」在同年九月十九日郁達夫給周作人的信，還提到魯迅與北新算版稅及與林語堂反目的兩件事，郁達夫認為「前者是魯迅應有的要求，後者是出於魯迅的誤解。」，並說自己與川島「在場作中間人」。

　　一九三二年十二月十八日，宋慶齡、蔡元培、楊杏佛、林語堂等五人發表宣言，發起組織中國民權保障同盟。同月二十九日，民權保障同盟正式成立。正是民權保障同盟的成立，為魯迅和林語堂，創造了第二次的「相得」時期，在這一年又七個月的時間裡（一九三三年一月十一日──一九三四年八月二十九日），兩人的交往，根據《魯迅日記》的記載，就有三十九次之多。一九三三年一月十七日，民權保障同盟上海分會成立，到會十六人，魯迅、林語堂同被選為分會執行委員。據鄒韜奮回憶說，中國民權保障同盟「開會時總是和上海分會開聯席會議」，「每次參加者有蔡先生、孫夫人、她的英文秘書史沫特萊女士、魯迅、林語堂、楊杏佛、胡愈之諸先生，我也忝陪末座。每次開會總是由蔡先生主持，因為有西人參加，中文文件每由林先生當場譯為英文，譯得很恰當。」

　　而就在民權保障同盟成立之前的三個月──一九三二年九月十六日，林語堂創辦了一份在當時頗受歡迎的刊物──《論語》半月刊。它是以幽默為其特色，對於這一點，魯迅並不贊成，但是在此時他也

並不怎麼反對，因此他還在上面發表了
一些文章。一九三三年二月十七日，
諾貝爾文學得主、著名的愛爾蘭幽默
作家、世界反帝大同盟名譽主席蕭伯
納，環遊世界的途中在上海停留一天。
《魯迅日記》在當天記載：「午後汽
車賚蔡先生信來，即乘車赴宋慶齡夫
人宅午餐，同席為蕭伯納、伊（案：指
伊羅生）、斯沫特列女士、楊杏佛、林
語堂、蔡先生、孫夫人，共七人，飯畢
照相二枚。」這次「迎蕭」活動，在魯
迅和林語堂兩人的文學生命史上分別留
下了不滅的印記。在《論語》半月刊第
十二期的「迎蕭專號」上，林語堂一口
氣寫了五篇文章，魯迅也寫了〈誰的矛
盾〉一文，另外又寫了〈看蕭和「看蕭
的人們」記〉給日本東京的改造社。事
後又編了《蕭伯納在上海》一書。

　　林語堂主編《論語》半月刊到
二十七期後，由於產權的爭執，他便交
給陶亢德去編，然後另起爐灶，為良友
圖書公司辦《人間世》半月刊。《人間
世》於一九三四年四月五日創刊。林語

歡迎蕭伯納合照。從右到左：魯迅、林語
堂、蔡元培、伊羅生、宋慶齡、蕭伯納、
史沫特萊

《論語》半月刊

《人間世》半月刊

堂在〈發刊詞〉中説：「《人間世》之創刊，專門登載小品文而設」，而小品文「本無範圍，特以自我為中心，以閒適為格調」，「宇宙之大，蒼蠅之微，皆可取材，故名之為《人間世》」。比〈發刊詞〉更惹是非的，是刊登了周作人〈五十秩自壽詩〉和眾多的唱和詩。衝著它而來的是署名「野容」（廖沫沙）發表於《申報・自由談》的〈人間何世？〉一文，它對林語堂和他的新刊物展開了討伐。

同年八月十三日，魯迅在給曹聚仁信中説：「語堂是我的老朋友，我應以朋友待之，當《人間世》還未出世，《論語》已很無聊時，曾經竭了我的誠意，寫一封信，勸他放棄這玩意兒，我並不主張他去革命，拚死，只勸他譯些英國文學名作，以他的英文程度，不但譯本於今有用在將來恐怕也有用的。他回我的信是説，這些事等他老了再説。這時我才悟到我的意見，在語堂看來是暮氣，但我至今還自信是良言，要他於中國有益，要他在中國存留，並非要他

曹聚仁

消滅。他能更急進，那當然很好，但我看是絕不會的，我絕不出難題給別人做。」然而對此事，林語堂有辯解，他說：「我的原意是說，我的翻譯工作要在老年才做，因為我在中年時有意思把中文作品譯成英文。孔子說，四十不惑，五十而知天命，現在我說四十譯中文，五十譯英文，這是我工作時期的安排，哪有什麼你老了，只能翻譯的嘲笑意思呢？」雖是如此，但這件事在兩人身上已劃下深深的裂痕。

　　一九三四年八月二十九日的《魯迅日記》云：「上午……復語堂信。」這大概是兩人交往最後的一次出現在日記中，從此林語堂的名字完全消失了。雖然九月十三日他們還在曹聚仁家中見過一次面，但那次聚會對林語堂而言是相當難堪的。據在場的陳望道的回憶：「沒白絲毫的奴顏和媚骨，是魯迅先生的最可寶貴的性格。他對於那些買辦文人崇洋媚外的奴才相、『西崽相』，總是投以極大的鄙視和憎惡。我記得，有一次是曹聚仁先生請客，請了魯迅先生；林語堂也來了。席間，林語堂誇誇其談，得意地說道：『有一次在香港，幾個廣東人講廣東話，像講國語似的，講得很起勁；我就同他們講英語，就把他們嚇住了……』魯迅先生聽到這裡，怒不可遏，他拍著桌子站起來指斥林語堂：『你是什麼東西！你想借外國話來壓我們自己的同胞嗎？……』弄得林語堂當眾出醜。當時，我，還有幾個朋友，都覺得魯迅先生對，在感情上和他共鳴的，而討厭林語堂的那副『西崽相』。」從此魯迅和林語堂兩人便再也不見面了，魯迅要赴的集會，只要聽說林語堂也在那兒，他就絕不進去。

　　一九三四年九月二十日，《太白》半月刊在左翼作家的支持下創刊。他們以抵制「論語派」的幽默小品為己任，提倡「新的小品

文」。一九三四年十一月十八日，魯迅作〈罵殺與捧殺〉批評林語堂、劉大杰，從此一發不可收。尤其到了一九三五年，幾乎每期《太白》上都有魯迅以化名所寫的批「林」文章。而為紀念創刊半年，《太白》推出了一本名為《小品文和漫畫》的紀念特刊，由魯迅、茅盾等五十八位「太白派」作家撰稿，其中許多文章都是批判「論語派」的，批「林」浪潮被推到了高峰。

聲勢浩大的批判浪潮，並沒有使林語堂畏縮。相反的，在他弄清了火力點的方位主要在左翼之後，他寫了〈作人與作文〉、〈我不敢再遊杭〉、〈今文八弊〉等文章，為捍衛自己的文藝觀點而戰。而就在〈今文八制〉發表後四天，魯迅寫了〈「題未定」草（一至三）〉全力反擊。一九三五年八月二十三日，魯迅更作〈逃名〉一文，把林語堂的編英文教科書和推崇明袁中郎，都列入了文壇醜惡現象加以鞭撻。

回看林語堂和魯迅的「相得二次、疏離二次」，其間大有深意。據《周作人日記》，林語堂和周作人早在一九二三年十一月三日在一次宴會上認識，在此後《語絲》的聚會中常常見面。而最早提倡「費厄潑賴」（Fair Play）的不是林語堂而是周作人，他在一九二五年十一月二十三日出版的《語絲》第五十四期〈答伏園論「語絲文體」〉一文中提出，而林語堂接著在同年十二月十四日出版的《語絲》第五十七期上發表〈插論語絲的文體——穩健、罵人及費厄潑賴〉響應周作人的論點，但這也引發了魯迅在半個月後寫就的〈論「費厄潑賴」應該緩行〉（刊登於一九二六年一月十日《莽原》半月刊第一期）的反擊。魯迅與周作人早於一九二三年七月間失和，《語絲》的聚會魯

迅亦不參加，而此文雖實指──周作人，但又不好與之爭辯，因此他點了林語堂的名。對於魯迅的批評，林語堂從善如流，不僅放棄自己的立場，而且還積極投入魯迅所發起的「打狗」運動，兩人開始相交，並很快親密起來。雖然一九二三年林語堂從歐州留學歸來進了北京，並不是為了見魯迅，但一九二六年魯迅去廈門卻是因為林語堂。

而南雲樓風波，是雙方的誤解，而不是「思相上的分歧」。正因為是「誤解」，所以才會有「和解」，因為魯迅至死對於怨敵是「一個也不寬恕」的。因此到了第二次因「思想上的分歧」，他們的疏離是必然的，而且不可避免。魯迅和林語堂從親密的朋友終至於決裂，其原因是他們為各自的人牛做了不同的定位。魯迅從一九二八年革命文學論爭到一九三〇年參加「左聯」，他的文藝思想發生了明顯的變化。他不僅與「語絲派」逐步分道揚鑣，而且成了「左聯」的一面旗幟和一個戰士。他積極參與了「左聯」的各種政治和文藝鬥爭，在對「新月派」、「民族主義文學」、「第三種人」以及「論語派」等的鬥爭中大顯身手。他提出文學應該是「無產階級解放鬥爭的一翼」，取消了「同路人」的概念，認為「第三種人」根本不可能存在。他批評周作人、林語堂的「性靈文學」和小品文，斥為「小擺設」，認為「在風沙撲面、狼虎成群的時候，誰還有這許多閒工夫，來賞玩琥珀扇墜、翡翠戒指呢」。因此他提出：「生存的小品文，必須是匕首，是投槍，能和讀者殺出一條生存的血路的東西。」因此，在很大程度上，他也就否定了原來「文學是餘裕的產物」的觀點，而接受了「藝術的武器，武器的藝術」的觀點。

當然他這些論點，是林語堂所不解的；林語堂始終認為「辦幽默

刊物是怎麼一回事？不過辦幽默刊物而已，何必大驚小怪？……充其量，也不過在國中已有各種嚴肅大雜誌之外，加一種不甚嚴肅之小刊物，調劑調劑空氣而已。原未嘗存心打倒嚴肅雜誌，亦未嘗強普天下人皆寫幽默文。現在批評起來，又是什麼我在救中國或亡中國了。……現在明明是提倡小品文，又無端被人加以奪取『文學正宗』的罪名。夫文學之中，品類多矣，吾提倡小品，他人盡可提倡大品……」兩人至此已走上不同的道路，其分手是必然的。

　　然而儘管如此，兩人對於對方的成就均予以肯定。當在一九三六年四、五月間，埃德加・斯諾問魯迅：「最優秀的雜文作家是誰？」魯迅說了五個人，依次為周作人、林語堂、周樹人（魯迅）、陳獨秀、梁啟超。魯迅還把林語堂的名字排在他的前頭。而林語堂對魯迅又如何呢？他說：「吾始終敬魯迅；魯迅顧我，我喜其相知，魯迅棄我，我亦無悔。大凡以所見相左相同，而為離合之跡，絕無私人意氣存焉。……《人

晚年的林語堂

50

間世》出，左派不諒吾之文學見解，吾亦不肯犧牲吾之見解以阿附初聞鴉叫自為得道之左派，魯迅不樂，吾亦無可如何。魯迅誠老而愈辣，而吾則向慕儒家之明性達理，魯迅黨見愈深，我愈不知黨見為何物，宜其刺刺不相入也。然吾私心終以長輩事之，至於硜硜小人之捕風捉影挑撥離間，早已置之度外矣。」這大抵都可視為兩人的肺腑之言。

第五章

美的蠱惑
——魯迅與比亞茲萊及葉靈鳳

徐志摩和陸小曼婚後常常爭吵，其中有件事是因為徐志摩與俞珊親近之故。陳定山的《春申舊聞》有記載此事：「有俞珊者，健美大膽，話劇修養很高，是余上沅的學生，她崇拜志摩也崇拜小曼，她為演《卡門》，常住徐家，向志摩請教。她又要學《卞堂春》，向端午請教。志摩是無所謂的，小曼卻說他肉感，論俞珊卻有一種誘人的力量。因此，小曼常和志摩吵。志摩說：『你要我不接近俞珊很容易，但你也管著點俞珊呀！』小曼說：『俞珊是隻茶杯，茶杯沒法兒拒絕人家不斟茶的。而你是牙刷，牙刷就只許一個人用，你聽見過有和人共用的牙刷嗎？』」小曼的話雖不免有些刻薄，但俞珊「美的誘惑力」已威脅到陸小曼，因此她不得不向徐志摩提出警告。

俞珊出身於上流社會，她的叔父俞大維當時是國民政府要員，而弟弟俞啟威則是左翼人士（因俞珊之介紹曾與當時同在山東省實驗

徐志摩與陸小曼

俞珊

劇院學習的李雲鶴同居三年多，而李雲鶴後來改名為藍蘋又改名為江青）。當時俞珊正在上海國立音樂專科學校攻讀藝術。田漢到這所學校導演《湖上的悲劇》，主演者為張曙和俞珊。田漢一見到俞珊美麗大方的容貌和女性的誘人氣質，特別看到她那別具一格的神秘側影，心裡不禁一振：「就是她！一個典型的Vampire的女郎！是莎樂美，非她莫屬！」於是經張曙的介紹，俞珊加入了田漢成立的「南國社」，一來便排演《莎樂美》（Salome）。

早在一九二〇年在日本留學時，田漢就愛上了王爾德（Oscar Wilde，1856－1900）的這個劇本。次年三月他在《少年中國》雜誌第二卷第九期發表譯文，一九二三年一月由中華書局出版了單行本。譯本雖出版了（其實在田漢之前已有陸思安和裴配岳翻譯的《薩洛姆》，刊登於一九二0年三月廿七日至四月一日的《民國日報》副刊〈覺悟〉上。）但一直未能得到上演的機會，終究讓田漢耿耿於懷。直到一九二九年七、八月間「南國

社」在上海和南京的第二次公演，才有
機會搬上舞台。王爾德的《莎樂美》雖
然取材於《新約全書‧馬太福音》，但
已和原意大相逕庭了。它成了猶太國王
王宮裡的一齣血淋淋的愛情悲劇。故事
中公主莎樂美狂熱地、痴迷地、執拗地
愛著先知約翰，而敘利亞少年也同樣地
愛著莎樂美。但先知約翰卻只愛上帝，
而絕不為莎樂美那懾人魂魄的情慾和美
麗動人的誘惑所動；同樣地敘利亞少年
也無法贏得莎樂美所愛，於是他憤而自
戕，流盡了青春的血。但莎樂美還是要
得其所愛，於是她答應為希律王起舞。
舞畢，她拒絕一切世間寶物之賜，唯要
約翰之頭。國王無奈，只得踐約，於是
令人殺約翰，以頭置銀盾之上贈給莎樂
美。此時莎樂美狂吻著約翰，那曾是她
夢寐以求的。雖然最後她被國王下令殺
死在盾牌之下，但臨死之前她得到了
Vampire的滿足。她說：「哈哈！我親
了您的嘴了，約翰……我的嘴唇上感著
一種苦味，這是血的味嗎？……不是，
這或是戀愛的味也未可知……他們說戀

晚年的田漢

《莎樂美》譯本

比亞茲萊畫《莎樂美》

愛的味是苦的……可是有什麼要緊？」此時舞台上的俞珊打扮華貴大方，兩隻大眼睛上塗著金粉、畫著黑暈，嘴上是石榴般的口紅……真是一位妖艷動人的Vampire女郎，活脫脫是一個王爾德筆下的莎樂美！

而當時「南國社」的演出《莎樂美》曾「引起觀眾極大的興趣」。此後，「峨眉劇社」等藝術團體也相繼演出此一劇目，一時之間，形成了一股「莎樂美熱」。不僅如此，有些作家的創作與生活也深受《莎樂美》的影響，他們在戲劇創作中模仿它，如郭沫若、向培良、田漢諸人；而也有在現實生活中效仿它，如白薇就是最典型的一個。她在寫給楊騷的情書中，就以莎樂美自喻：「你不殺我我會殺你。我非殺你不可！我是『Salome』哩，我比『Salome』還要毒哩！愛弟！愛弟！我要愛你！」。其所以如此，在於莎樂美顛覆了中國傳統社會中男性的強者地位，她不僅敢於坦露自己愛欲，主動追求男性，而且她還利用男性達到自己的

目的，從而把男性從原本兩性關係的中
心位置放逐到邊緣。莎樂美愛上約翰，
僅僅是因為他美。在愛與美的追求中，
她不懼權勢，不惜生命，凸顯出強烈的
叛逆精神及鮮明的自我意識。正如田漢
所說的：「敘利亞少年，莎樂美，約
翰，這三個人。雖然一個愛莎樂美，一
個愛約翰，一個愛上帝，但他們的精神
是一樣的，就是目無旁視，耳無旁聽，
以全生命求其所愛，殉其所愛」；而向
培良也說：「並不是凝著紫血的約翰之
頭底美麗會感動我們」，而是「莎樂美
毅然要一吻約翰的嘴唇」，那「邁往不
顧的苦心」。以死殉情，頗迎合了五四
時期正在衝決封建禮教、追求婚姻自由
的青年心態，這恐怕正是《莎樂美》風
行一時的主要原因。

　　一八九一年，王爾德以法文創作
出《莎樂美》，三年後王爾德的狎友道
格拉斯（Lord Alfred Douglas）將這個劇
本譯成英文，並附上畫家比亞茲萊的十
幅插圖，在倫敦出版時，引起了巨大的
震動，它被稱為自波特萊爾以後的又

女作家白薇

一朵「惡之花」。比亞茲萊的凝重而洗鍊的黑白插圖，從意境上強化了《莎樂美》的世紀末意味，使全書散發出了陣陣罪惡的芳香。王爾德的內心深處存在一種對一切苦難的病態崇拜，正如他的小說《道連‧格雷的畫像》（The picture of Dorian Gray）中唯美主義者亨利勳爵所說的：「邪惡是現代生活中所保存的唯一的美的成分」，這一觀念也部分地滲透在《莎樂美》一劇中。學者蕭同慶指出[註1]，王爾德意在表現其唯美情結，表現一種新時代的必然趨勢，表現新時代女性的內心苦悶。莎樂美在其筆下雖然有一種惡的成分，但基本上並不淫蕩，而只不過是個相貌美艷而性情孤僻，被現實所擠壓而成的畸形兒。王爾德讚美同情大於譴責，而比亞茲萊則是循著世紀末畫家古斯塔夫‧摩羅以來的女性觀念描繪莎樂美的。摩羅的畫《在希律王前跳舞的莎樂美》，以虛構的情節和柔靡的氣氛，以及豪華的裝飾，刻畫一個色情、冷酷、嗜殺與無常的莎樂美形象。摩羅畫中那種「神秘的、象徵的、內在的精神境界」，相當程度上啟示了比亞茲萊，在他的插圖中，把世紀末社會思潮和審美情趣等多種因素，都凝集在這一假想的女性身上。王爾德的唯美情調和比亞茲萊的頹廢情緒，共同構成了《莎樂美》的整體意蘊。而也因為如此，《莎樂美》才成為西方世紀末思潮中，最具代表性的一部作品。

　　同樣在田漢的譯本中，曾配有琵亞詞侶（Aubrey Beardsley，今譯比亞茲萊）的十六幅精美的插圖，雖然王爾德本人並不喜歡這些插畫（那是書商所為，並非王爾德要求的），並因此和比亞茲萊反目（只因比亞茲萊因這些插畫而名聲蓋過他）。但比亞茲萊以東方線條畫的明秀，融入西方現代主義綺麗的狂放之中，非常出色地傳達了這部唯美主義戲劇

的怪誕的性心理和淒艷的情調美,是不容否認的。比亞茲萊生於一八七二年八月二十一日,在一八九八年三月十六日便因肺病不治去世了,年僅二十六歲。對於這個階段的英國文壇有特別研究的傑克遜(Holbrook Jackson),這麼評論比亞茲萊,他說:「這位天才畫家,踏上畫壇前後不滿十年,向彗星一樣的突然出現,又向彗星一樣的突然殞滅,但他的成就和留下的影響卻是不滅的。沒有一位藝術家曾經向他這樣一夜之間就獲得普遍的盛譽。」比亞茲萊和他所擔任繪畫編輯的《黃面誌》(The Yellow Book)是在二〇年代初被介紹到中國來的。一九二三年九月,郁達夫在《創造周報》上發表〈The Yellow Book 及其他〉一文,率先向國人介紹了《黃面誌》的沉浮,尤其對比亞茲萊和道生(Ernest Dowson)的過人才華,讚嘆不已;而對他們短暫一生的悲慘遭遇,則深表同情。同為「創造社」的葉靈鳳說:「早年的我國新文藝愛好者能夠有機會知道這個刊物和王爾德、比亞茲萊

郁達夫與王映霞

葉靈鳳

邵洵美

《幻洲》

《洪水》

等人，乃是由於郁達夫先生的一篇介
紹。……自從他的這篇介紹文發表後，
當時的新文藝愛好者，才知道外國有這
樣的一個文藝刊物和這樣的一些詩人、
小說家和畫家。」

　　繼田漢和郁達夫之後，熱衷於比亞
茲萊的中國作家，當推葉靈鳳和聚集在
《金屋月刊》的作家邵洵美、章克標等
人。葉靈鳳早年就讀於上海美術專科學
校，在校期間即開始文學和繪畫創作。
一九二五年加入「創造社」，成為「創
造社小伙計」之一，曾參與《洪水》半
月刊的編務。次年又與潘漢年合辦「幻
社」，編印《幻洲》半月刊。一九二八
年，主編《現代小說》和《戈壁》。三
〇年代初，曾為左聯成員，後任現代書
局編輯。一九三四年，曾與穆時英合編
《文藝畫報》。他在這幾份刊物上的幾
十幅插圖、尾花，完全是模仿比亞茲萊
的作品，因此也贏得「中國的比亞茲
萊」的稱號。尤其是他在編輯《幻洲》
期間，他的插畫揉合著比亞茲萊的夢幻
感，和日本畫家蔣谷虹兒的幽婉的抒情

性，於明快的黑白設色和小蛇似的敏捷線條之間，昇華出迷離恍惚的夢。

蕗谷虹兒，一八九八年生於日本新瀉縣。自幼酷愛繪畫，一九一二年至東京從日本畫家尾竹竹坡學畫。一九一九年為《少女畫報》畫插圖，次年又為《婦人畫報》作卷頭畫和為《婦人俱樂部》創刊號畫插圖。一九二一年為東京、大阪兩地《朝日新聞》吉屋信子所寫的長篇連載小説《到海端》所作之插圖，博得好評，震撼畫壇。他早期印行的作品有《虹兒畫譜》五輯，《我的畫集》兩本，《我的詩畫集》一本，《夢跡》一本。在二０年代，蕗谷虹兒的畫就流入中國，以葉靈鳳和凌叔華為代表的一些畫家，也相繼摹仿。這就引起魯迅的罵，魯迅在一九二八年七月四日寫的〈《奔流》編校後記（一）〉中説：「可惜有些『藝術家』，先前生吞『琵亞詞侶』，活剝蕗谷虹兒……」，指的就是葉靈鳳等人。

事實上魯、葉兩人的相互攻擊，是由葉靈鳳首先挑起的。葉靈鳳在他所主

《戈壁》

《文藝畫報》

葉靈鳳的插畫

編的《戈壁》第一卷第二期（一九二八年五月），刊出一幅他自己所做的模仿西歐立體派的諷刺魯迅的漫畫，並附有說明：「魯迅先生，陰陽臉的老人，掛著他已往的戰績，躲在酒缸的後面，揮著他『藝術的武器』，在抵禦著紛然而來的外侮。」這就引起後來魯迅的「才子加流氓」的怒斥。他說：「……在現在，新的流氓畫家又出了葉靈鳳先生，葉先生的畫是從英國的畢亞茲萊（Aubrey Beardsley）剝來的，畢亞茲萊是『為藝術的藝術』派，他的畫極受日本的『浮世繪』（Ukiyoe）的影響。浮世繪雖是民間藝術，但所畫的多是妓女和戲子，胖胖的身體，斜視的眼睛──Erotic（色情的）眼睛。不過畢亞茲萊畫的人物卻瘦瘦的，那是因為他是頹廢派（Decadence）的緣故。頹廢派的人們多是瘦削的，頹喪的，對於壯健的女人，他有點慚愧，所以不喜歡。我們的葉先生的新斜眼畫，正和吳友如的老斜眼畫合流，那自然應該流行好幾年。」

罵歸罵，魯迅對比亞茲萊和蕗谷虹

葉靈鳳諷刺魯迅的漫畫

兒的畫，卻是熱心的蒐購，我們看《魯迅日記》一九二七年十月八日載：「下午往內山書店買書三種四本」，其中便有《虹兒畫譜》一、二輯。一九二八年三月三十日，魯迅又「往內山書店買書八本」，其中又有虹兒的《我的畫集》一本。一九二九年二月十三日，魯迅又收到韓侍桁代購寄到的《虹兒畫譜》第三輯。而一九二八年冬，魯迅和柔石、王方仁等組織「朝花社」，編印介紹國外藝術作品的《藝苑朝華》叢書。次年一月底出版了《路谷虹兒畫選》，共收十二幅畫作；而同年四月又出版《比亞茲萊畫選》，也選印了十二幅畫作。魯迅雖說其目的在於「戳穿葉靈鳳這紙老虎」，但無可諱言的，證明了魯迅對比亞茲萊和蕗谷虹兒的畫，是喜歡的。

就在魯迅編印的《比亞茲萊畫選》問世的兩個月後，邵洵美的金屋書店出版了他譯的《琵亞詞侶詩畫集》一冊，扉頁上寫著：「獻給一切愛詩愛畫的朋友。」書中收畫家創作的詩兩首，一是〈三個音樂師〉，一是〈理髮師〉。此

《琵亞詞侶詩畫集》

外便是比亞茲萊的自畫像和三幅插圖，及邵洵美寫的序。邵洵美説：「琵亞詞侶的畫在我國已有人提起過了，他的線條畫是受了我們東方的影響的，但是當我們看了，竟覺得沒一處不是他自己的創造。啊，這一個美麗的靈魂！」又説：「他不到三十歲便死了，但是即使在病重的時候，他還是不息地工作著。他同時還向文學努力；寫了一篇故事〈山下〉，西門氏（案：Arthur Symons，比亞茲萊的朋友及同事。）曾説，要是他能多活幾年，他在文學上的地位，也是第一等了。情感的純粹，文辭的典麗，韻律的和諧，絕不是平常的作家所夢想得到的。」在此比亞茲萊及其作品呈現的是藝術創造和審美感覺所能達到的極致——優美的曲線、典雅的人物造型、或濃或淡的悲傷情調，以極具有東洋色彩的異國風味。他已然成為邵洵美、葉靈鳳等唯美頹廢作家心目中的偶像。葉靈鳳晚年在隨筆中屢屢談及比亞茲萊，總想親手編一本比亞茲萊畫選，寫一本他的傳記，數十年來興趣不減當年，看來比亞茲萊在中國的確找到了知音。

其實在當時的「比亞茲萊迷」還真不少，被魯迅譽為「中國最傑出的抒情詩人」的馮至，就是其中一個。馮至在一九二五年二月二十一日給楊晦的信中説：「一個晚上，伯格同獨清……給我畫了一個像。畫得出人意料之外，我非常滿意，有點像浪漫時代的文人，又有點像Beardsley，只是比我瘦些。」而據馮至晚年回憶，他的為許多人喜愛的抒情詩〈蛇〉，就是在比亞茲萊的或其模仿者的一幅同名畫的影響下，獲得靈感的。學者解志熙認為[註2]，馮至完全卸除了原畫的頹廢氣息和病態情調，完成了創造性的轉化和昇華。而無獨有偶的，邵洵美也因比亞茲萊的畫而有一首題為〈蛇〉的詩，但邵洵美把

蛇的形象置於充滿「色的誘惑，聲的慾愿，動的罪惡」的語境中，使它蛻變為除了色情衝動，別無任何意味的象徵形象。而這期間曾任北大哲學系教授的張競生博士，也在一九二六年來到上海，並開辦了「美的書店」，編輯出版了《性史》。這部書使他名噪一時，據作家溫梓川說：「其實他這部名著在今天看來，卻是卑之無甚高論，……不過在當年卻幾乎風靡了每一個青年讀者。」(註3) 而他這本書選用比亞茲萊所作的《莎樂美》插畫第一幅〈月亮裡的女人〉作為該書的封面，也連帶的使得比亞茲來的作品，在當時讓人印象深刻。不過它也將比亞茲來的某些頹廢、病態和色情成分，導向了低級的趣味。

從王爾德的莎樂美到比亞茲萊的畫，這種頹廢之美蠱惑這批海派作家，他們將它推展到極致，結果卻不免走到艷情 — 色情的文學趣味。其間女體被物化、商品化了，我們看葉靈鳳的〈流行性感冒〉中，女性已和當時最時髦的流線型汽車相提並論了：「她，像一輛

詩人馮至

晚年的馮至

徐悲鴻畫的邵洵美

《性史》

一九三三型的新車，在五月橙色的空氣裡，瀝青的街道上，鰻一樣的在人叢中滑動著。……迎著風，雕出了一九三三型的健美姿態：V型水箱，半球型的兩只車燈，愛莎多娜‧鄧肯式的向後飛揚的短髮。」另外章克標在〈銀蛇〉中，也有類似形象的描寫：「在她身後高的臀部，緊張了綺華絹褲子，分明顯露出半個橢圓的曲面，和綠綢棉襖所堆起的肩頭以下的圓柱體，恰好是一幅調和的立體幾何的曲面模型。」而在章克標的小說中，迷濛的月色，閃爍的廣告牌，五光十色的街道，與千姿百態的女性人體形象，構成了被人觀看的銀幕。「那一條街上，去去來來的腳腿，更加雜多，……舞動的裙角，赤裸的足腿，血紅的嘴唇，微笑的酒窩，淫蕩的眼波，裹了一團春意而微笑的胸……。」「他們的目的物是女人，他們在人群中搜尋女人，考察，品評，當他們的眼裡有得發現時。」「這些女人，都極度顯露出她們的色相。盡我們觀賞，享樂著我們的觀賞。」到了曾虛白的〈午場之

夜〉：「遞換的光，透明的裝，暗香輕颺，樂調瘋狂，一對對那兒像個人樣！悄悄兒笑，輕輕兒跳，抱著腰肢飄飄兒裊……管他是骨，管他是肉，只要是個人，我就心足，大伙兒來，這是無遮大會，是忘情天國！肉氣、酒香塞你的鼻；樂調、人聲襲你的耳；色彩、脂粉盲你的目；滑潤、豐盈鈍你的觸；鼻塞、耳聾、目盲、觸鈍，一切感覺失掉了本能，這才是徹底的人生享樂。」唯美到此時已變成癲狂的官能徵逐，不僅是庸俗化、聲色化，而且趨向放蕩的極端了。

註1：蕭同慶《世紀末思潮與中國現代文學》，安徽教育出版社，二〇〇〇年。

註2：解志熙《美的偏至――中國現代唯美頹廢主義文學思潮研究》，上海文藝出版社，一九九七年。

註3：溫梓川《文人的另一面》，晨鐘出版社，一九七二年。

第六章

從高峰到谷底

——也談張資平

他曾經是中國新文學重要社團——創造社的發起人之一；他的《沖積期化石》更是中國現代文學史上的第一部長篇小說。他一生創作過二十四部長篇小說，七部短篇小說集，還有數種譯著。在二、三〇年代，他作為名噪一時的新海派文人的始作俑者，曾引領風騷、走紅於社會；他的戀愛小說曾贏得廣大的年輕讀者的喜好。但好景不常，他終於經不起商業文化的巨大誘惑，而被滾滾紅塵無情地吞沒了。他的作品在遭到由黎烈文主編的《申報‧自由談》的「腰斬」後，也顯得一蹶不振。他就是張資平。

說到黎烈文，他一九〇四年生於湖南湘潭，初中畢業後，來到上海。考取商務印書館編輯所書記員，擔任謄抄、整理和校對文稿的工作。後來升任助理編輯，他的短篇小說集《舟中》和整理標點的《大唐三藏取經詩話》等古籍，就是這一時期初露鋒芒的實績。一九二六年黎烈文東渡日本求學，在

黎烈文

張資平

短短的十個月中，他利用課餘時間譯出一部芥川龍之介的短篇小説集《河童》。翌年回國，不久由上海啟程赴法留學。一九二八年初，他考入法國地城（Dijon）大學。兩年後畢業又進入巴黎大學攻讀碩士學位，一九三二年春，學成歸國。由於巴黎大學老師的推薦，法國「哈瓦斯通訊社」上海分社，在黎烈文回到上海後的第二天，就聘他擔任翻譯工作，工作之餘他還著手翻譯梅里美、賴納、莫泊桑的小説。不久，他應《申報》總經理史量才之聘，從一九三二年十二月一日接編該報副刊〈自由談〉。在這之前，〈自由談〉先後經王鈍根、吳覺迷、姚鵷雛、陳蝶仙、周瘦鵑等人主編，可説是鴛鴦蝴蝶派所編的文學副刊。黎烈文接編後，鋭意革新，擬把它變為新文學的陣地。

黎烈文與張資平素不相識，他只知道張資平是創造社的元老，他的小説極為暢銷。當時張資平已出版的長篇小説有：《沖積期化石》、《飛絮》、《苔莉》、《最後的幸福》、《石榴

花》、《青春》（又名《黑戀》）、
《長途》、《愛力圈外》、《糜爛》、
《跳躍的人們》（又名：《紫雲》及《戀
愛錯綜》）、《愛之渦流》、《天孫之
女》、《紅霧》、《明珠與黑炭》（又
名：《青春的悲哀》）、《歡喜陀與馬
桶》、《上帝的兒女們》、《群星亂
飛》、《北極圈裡的王國》等十八部；
短篇小說集則有：《愛之焦點》、《雪
的除夕》、《不平衡的偶力》、《植
樹節》、《蔻拉梭》（又名：《梅嶺之
春》）、《素描種種》、《戀愛花》等
七部，稱得上是多產的暢銷作家。黎烈
文透過郁達夫介紹，在一九三二年十一
月宴請作家時，也邀請了張資平，並請
他為〈自由談〉寫連載小說，於是從同
年十二月一日起，張資平的長篇小說
《時代與愛的歧路》就開始連載了。

　　《時代與愛的歧路》仍是一部典
型的張資平風格的愛情小說。它出現在
〈自由談〉上，是顯得有些不倫不類
的。因為一面是進步作家的嚴肅文章，
一面卻是通俗性的新言情小說，自然引

張資平的小說之一

起一些讀者的不滿。於是到了次年四月二十二日〈自由談〉編輯室刊
出啟事說：「本刊登載張資平先生之長篇創作《時代與愛的歧路》業
已數月，近來時接讀者來信，表示倦意。本刊為尊重讀者意見起見，
自明日起將《時代與愛的歧路》停止刊載。」這椿「腰斬」事件，在
當時上海的小報間曾引起大肆渲染。其中《晶報》在四月二十七日就
載有〈自由談腰斬張資平〉的短文。而甫創刊不久的《社會新聞》，
更在第三卷十三期（五月九日出版）刊登了「粹公」所寫的〈張資平擠
出「自由談」〉一文，其中有「今日的〈自由談〉，是一塊有為而為
的地盤，是『烏鴉』（案：指曹聚仁等）、『阿Q』（案：指魯迅）的播
音台，當然用不著『三角四角戀愛』的張資平混跡其間，以致不得清
一。」又說：「在張資平被擠出〈自由談〉之後，以常情論，誰都咽
不下這口冷水，不過張資平的闒懦是著名的，他為了老婆小孩之故，
是不能同他們鬥爭，而且也不敢同他們擺好了陣營的集團去鬥爭，
於是，僅僅在《中華日報》的〈小貢獻〉上，發了一條軟弱無力的冷
箭，以作遮羞。」

　　同年六月初，曾被魯迅譏諷、指斥過的作家曾今可，會同張資
平、胡懷琛等受過魯迅嘲笑的文人，聯絡了黎錦明、傅彥長、張鳳、
龍榆生等一些文化界朋友，組成一個文藝漫談會。並於七月一日出
版《文藝座談》半月刊第一期，其中刊登白羽遐的〈內山書店小坐
記〉，誣陷內山完造是日本偵探，並以此攻擊魯迅。五日《申報‧自
由談》發表谷春帆的〈談「文人無行」〉，文章斥責曾今可和張資
平，在指責張資平時說：「他最近也會在一些小報上潑辣叫囂，完
全一副滿懷毒恨的『棄婦』臉孔」。他認為白羽遐就是張資平的化

名，因此説：「他陰謀中傷，造謠挑撥，他會硬派人像布哈林或列寧，簡直要置你於死地，其人格之卑污、手段之惡辣，可説是空前絕後。」，於是次日張資平在《時事新報》刊登啟事，除聲明自己不曾化名白羽遐之外，並在文中攻擊黎烈文，指其以資本家為後援，憑「姊妹嫁給大商人為妾，以謀得一編輯以自豪」。隔天，黎烈文在《時事新報》亦刊登啟事，斥責張資平之污衊，並説：「烈文只胞妹兩人，長應元未嫁早死，次友元現在長沙某校讀書，亦未嫁人，均未出過湖南一步。且據烈文所知，湘潭黎氏同族姊妹中不論親疏遠近，既無一人嫁人為妾，亦無一人得與『大商人』結婚，張某之言，或係一種由衷的遺憾（沒有姊妹嫁作大商人為妾的遺憾），或另有所指，或係一種病的發作，白如瘋犬之狂吠，則非烈文所知耳」。於是面對黎烈文的反駁，有的記者就專程到張資平在上海真茹的「望歲小農居」寓所去問個究竟。張資平只好抵賴，説「為妾」一事是另指他人，但這個人的名字不能公開。（而十多年後，張資平再次和朋友沈立行提及此事時，則坦言承認：「作妻作妾，只是傳來之言，今天看來，我是作得太損太絕了！」）七月八日，魯迅致函黎烈文，指斥張資平「造謠生事，害人賣友」，把張氏的戰法類比為鄉下「下劣無賴」的潑皮戰法。而張資平則在七月號的《朔望》半月刊發表打油詩〈遊歐歸客感賦〉攻擊黎烈文，並順帶諷刺魯迅和「左聯」。被腰斬的《時代與愛的歧路》，張資平還是把它寫完了，於同年十一月由上海合眾書店出單行本，並於一九三六年十二月改名為《青年的愛》再版。在續寫的內容中，張資平藉著小説人物的口，大肆影射與辱罵魯迅，通過小説人物的話語宣洩了他的私怨。

李長之

　　歷經「腰斬」事件後，張資平元氣大傷，文學創作亦急遽滑落。當時，年輕的批評家李長之就說過，社會慷慨地把張資平捧上了名利的高峰，卻又無情地將他拋向輕蔑的低谷[註1]。而學者顏敏也指出，張資平沒有跟上時代的轉型，沒有實現話語的轉換，他越是滑向民間敘述，越是走向窮途末路。從文學創作看，張資平的小說跳不出多角戀愛的窠臼，也聽不進文壇諍友的規勸，不斷重複地複製同樣的題材，而且粗製濫造。[註2]在他續完《時代與愛的歧路》後，在次年九月又出版《愛的交流》長篇小說。但此時他的小說已不再暢銷，他自己開的「樂群書店」也關門大吉。有的書商把他名字中的「資」挖去，又把書名改掉，成了「張平」著的另一本小說，但有時仍被讀者識出而拒買。而原先由張靜廬、洪雪帆主持的「上海現代書局」和張資平簽訂多項計畫，包括出版三卷本的《資平小說集》和十餘種日本戀愛小說的譯著，也只出了三卷本的《資平小說集》後就宣告取消計畫。

從一九三五年到抗戰爆發前的兩年中，張資平除了重印兩本短篇小説集：《張資平選集》及《張資平小説選》外，只有一本譯作《人獸之間》問世。

　　就在他人生處於逆境的時候，擔任「商務印書館」總經理的王雲五向他伸出援手，聘他擔任地質、岩礦學的編輯。而原本畢業於日本東京帝國大學理學院地質系的張資平，又回到他的專業。他埋首編輯自然科學的著作，倒也做出了一些成就。這期間，他先後為王雲五主編的《自然科學小叢書》寫了《蓋基傳》，翻譯了《結晶體》、《礦物與岩石》、《岩礦化學》、《世界地體構造》、《民族生物學》、《化石人類學》，編著了《外國地理》、《地圖學及地圖繪製法》，翻譯了《中國地史》和《人類住域之地理的研究》等書。

　　一九三七年八月上海抗戰開啟，位於閘北的「商務印書館」編譯所被炸，張資平只能蝸居真茹躲避戰火。次年三月，梁鴻志等人籌建南京維新政府，雖然當時張資平已漸漸退出文壇，但畢竟還算個文化名流，可資利用。於是他們對張資平採取軟硬兼施的手段，一方面派人前往張家遊説勸誘，一方面又派日本憲兵特務去質詢張資平小説中的「排日傾向」。張資平見勢不妙，潛逃至香港，後又轉往梧州，出任廣西大學礦冶系主任。同年十月，廣西大學遭到轟炸，學校由梧州遷往桂林。張資平向學校請假一個月，據他説是想繞道越南回上海接家眷，但事實上可能是他無法放棄上海的豐裕的生活，而根本不願獨身輾轉於偏僻的西南。而就在他經越南到達香港時，他接受日本駐香港總領事中村豐一的招待和路費。次年五月，他再度接受日方的資助，化名張聲先後創辦《新科學》和《文學研究》雜誌，則已初步

陷入漢奸的泥淖中。九月，他化名張星海，參加以日本駐滬副領事岩井英一為顧問，以化名嚴軍光的袁殊為主任幹事的「興亞建國運動本部」，任該組織的文化委員會主席。次年三月，出任汪偽南京政府農礦部簡任技正。曾是昔日好友的郁達夫都看不過去，於是在新加坡的《星洲日報‧晨星》上發表〈文人〉一文，嚴厲譴責張資平的投敵附逆。

　　而就在擔任偽職期間，他傳出外遇。據後來擔任《大眾夜報》副刊編輯沈立行說：「偽農礦部技術司有個女科員劉敏君，年方二十四歲，長得非常俊俏。她喜愛文藝，也常在報紙副刊上寫點豆腐乾文章。她知道張資平是個大文學家，就十分崇拜，頻獻殷勤。當時，張資平四十八歲，年齡雖是劉小姐的一倍，但西裝筆挺，一表人才。劉敏君為了要寫作，就經常和張混在一起。張資平連哄帶騙，終於勾搭成姦。劉敏君因非常漂亮，在偽農礦部的綽號就叫『小花瓶』。本來這是一件平常的小事，但當時南京有張小報《京報》，刊出了連載《小花瓶傳奇》，將張、劉的戀愛而至姘居，添油加醋，大加宣傳，一時傳遍滬寧，『小花瓶』就此出了名。張資平十分喜愛『小花瓶』，就在南京租了一所小套房，肉麻地取名為『瓶齋』。……『小花瓶』的豔史傳出後，張資平甚為惱火，曾在漢奸雜誌《中日文化》上寫了長篇小說《折柳》，竭力辯說這是正常的戀愛。後來，張索性寫了一本長篇小說《新紅A字》，說什麼『有人想以暴力來制裁我們的結合。』這是張資平寫的最後一部長篇小說，給他不光彩的『△』文藝，劃上了句號。」[註3]

　　抗戰勝利後，聲名狼藉的張資平在一九四六年秋，經由朋友的

引薦找了沈立行，於是在《大眾夜報》上刊出〈胎動期的創造社〉及〈《創造季刊》時代〉兩篇回憶錄，由於文章披露了一些鮮為人知的文壇史實，而且文筆流暢，果然增加了報紙的銷路，但同時報社也不斷收到讀者的來信，認為不該刊登漢奸的文章。於是張資平就化名為「秉聲」，寫了長篇歷史小說《繞弦風雨》，連載三個月後，報社也不得不喊停。

　　一九四八年三月二十日，國民黨上海市黨部以漢奸罪名，對張資平提出公訴。同天，張資平寫信向當時在北京大學當校長的胡適求援，隨信又附上〈我之辨明〉一文，對自己擔任偽職一事，百般抵賴。並在辨明書中說，國民黨上海市黨部主任方治，是受部下姚中仁蒙蔽，不加細查而追究他的；而姚中仁則是因侵佔他上海江蘇路住房未果而洩憤的。信寄出之後，同天張資平又追寄一封，信中說：「希望先生代陳之主席，並商之陳立夫先生，設法消彌弟案於無形。若能更進而為之解決多年失業之痛苦，俾得追隨左右，尤深感激。若先生以為不能援手，亦望加以公平之批判，公之輿論，以待社會之公判也。」(註4)胡適沒有給他回信，在民族大義下，更不可能為他辯解。四月，張資平被法院判處有期徒刑一年三個月，他不服提出上訴。八月，國民黨上海高等法院更審後，維持原判。張資平聲稱要向最高法院上訴。一九四九年一月，最高法院特種刑事庭裁決，撤銷張資平一案，發還上海高等法院更為審理。此案，後來就不了了之了。

　　一九四九年五月上海解放。六月，張資平兩次上書上海市副市長潘漢年，請求分配工作。潘漢年批覆給長寧區人民政府處理，準備讓他去中學任教，但張資平不願接受。他又上書郭沫若，請求援引。郭

沫若向有關部門提議，在政策許可的範圍內，給予安排。一九五〇年初，東北人民政府來上海招聘教授，張資平以張聲的名字報考，結果被錄取，但後來發覺他的真實身分後，又遭解聘。

張資平在生活困難之下，只得寫稿度日。據沈立行說，他曾在《亦報》會客室內見過張資平，衣衫襤褸，又黑又瘦。仍以「秉聲」為筆名，寫連載小說《曾剃頭》（曾國藩）。而周作人也在《亦報》寫專欄，「北周南張」兩個文化漢奸，擠在一個版面上了。（註5）當時周作人是應主編唐大郎之邀，自一九四九年十一月二十二日至一九五二年三月十五日，以筆名申壽、鶴生、十山、祝由，發表短文約九百零八篇。（註6）

一九五二年張資平給周恩來總理寫信，請求分配工作。六月他遵照指示，去長寧區失業知識份子委員會，交代了自己的過往，並進行登記。他被准許參加上海新教育學院的第八期考試，筆試通過後，卻因患嚴重的高血壓而作罷。後來身體稍好，就直接寫信給劉少奇主席。當時的政務院給了回信，要他編譯礦藏冶煉方面的書籍，批交「商務印書館」負責出版，總算稍稍得以餬口。一九五五年「肅反」運動開始，張資平以反革命罪被逮捕，不久與妻子離異。一九五八年九月被上海中級人民法院判處有期徒刑二十年，主要罪名是漢奸罪。次年十二月二日，在隆冬的寒風中病逝於安徽白茅嶺勞改農場，死時六十六歲。曾是兒女成群的他，最後卻是孤獨一人，後事只得政府料理。（註7）

學者曾華鵬與范伯群在〈論張資平的小說〉（註8）文中指出，張資平早期的創作，無論是抗議封建婚姻制度，或是對不幸者寄予同情，

都顯示張資平是意識到作家的社會職責的，他的創作與「創造社」同伴的步調也基本一致。但是到了後期，他成為「樂群書店」的老闆，金錢就成為他創作的指揮棒，他所從事的就是以賺錢為目的的商業性寫作了。尤其在兩篇貼上「性」的標籤的短篇小說─〈性的等分線〉、〈性的屈服者〉之後，肉慾遊戲的描寫則已在作品裡開始氾濫。到後來更是變本加厲，越演越烈，甚至完全墮入專寫人的性慾本能的泥淖中。題材的不堪，加上大量生產、粗製濫造，終於導致他的徹底失敗。同樣在他的人生道路上，他放棄知識份子的使命，而陷入了政治的泥淖中，他由高峰跌入谷底，晚景不可不謂淒涼。

註1：李長之〈張資平戀愛小說的考察 ─「最後的幸福」之新評價〉，載《清華週刊》第四十一卷，一九三三年。

註2：顏敏《在金錢與政治的漩渦中：張資平評傳》，百花洲文藝出版社，一九九九年。

註3、5：沈立行〈我所認識的「三角戀」作家張資平〉，《檔案與史學》，一九九七年一月號。

註4：《胡適來往書信選》（下），中國社科院近代史中華民國史組編，中華書局，一九七九年。

註6：根據《周作人年譜》的統計。張菊香、張鐵榮編，天津人民出版社，二○○○年。

註7：顏敏《在金錢與政治的漩渦中：張資平評傳》，附〈張資平年表〉。

註8：曾華鵬、范伯群〈論張資平的小說〉，《文學評論》，一九九六年第五期。

第七章

溫雅中有「鐵」

——從集外遺文看周作人罵陳西瀅

同為「五四」時代的溫源寧在評價周作人時，說他有「鐵與溫雅」。其中「溫雅」的部份是大眾所熟知的周作人形象，至於「鐵」的部份，恐非如溫源寧觀察入微，而實際有接觸的人，所能瞭解的。溫源寧文中說：「周先生還有另外一面，我們切莫忘記。他大有鐵似的毅力。他那緊閉的嘴唇，加上濃密的鬍子，便是堅決之貌。他潔身自好，任何糾葛，他都不願插足，然而，一旦插足，那個攔阻他的人就倒霉了！他打擊敵手，又快又穩，再加上又準又狠，打一下子就滿夠了。」（註1）也就是說一向給人感覺「平和沖淡」的周作人，有時卻有著「深刻潑辣」的一面，這正如周作人自己所說的：「平常喜歡和淡的文章思想，但有時亦嗜極辛辣的，有掐臂見血的痛感」。也就是說他一旦憤怒起來，會「抓到事件的核心，彷彿把指甲狠狠的掐進肉裡去的。」這顯示出他和魯迅一樣都有浙東地方性格中的「硬

氣」，只是它被「刻意」地掩蓋起來罷
了。

在二、三〇年代周作人的抒情散
文，為人所樂道，有所謂的「啟明
體」，它與「魯迅風」是截然不同的。
「閒適小品」成了周作人的註冊商標。
人們似乎忽略了他雜文的成就，也很難
想像他也有「浮躁凌厲」的一面。但還
是有極少數的研究者，如李景彬就注意
到「周作人在『五四』以後所發表的議
論性散文，無論在數量上，或者概括現
實生活的廣度上，都略勝乃兄一籌。周
作人本時期以『人事的評論』為主的散
文創作，以內容之豐富和政治色彩的濃
烈論，均為魯迅所不及。」（註2）

但沒過多久，周作人歷經了思想
的大轉變。郁達夫在編《中國新文學大
系》〈散文二集・導言〉中說：「周作
人頭腦比魯迅冷靜，行動比魯迅夷猶，
遭了『三・一八』的打擊以後，他知道
空喊革命，多負犧牲，是無益的，所以
就走進了十字街頭的塔，在那裡放散紅
綠的燈光，悠閒地，但也不息地負起了

周作人

魯迅（右三）與周作人（左三）

他的使命；他以為思想的改革，基本的
工作當然還是要做的，紅的綠的燈光的
放送，便是給路人的指示；可是到了夜
半清閒，行人稀少的當兒，自己賞玩賞
玩這燈光的色彩，玄想玄想那天上的星
辰，裝聾作啞，喝一口苦茶以潤潤喉
舌，倒也是於世無損，於已有益的玩意
兒。這一種態度，廢名說他有點像淵
明。可是『陶潛詩喜說荊軻』，他在東
籬下採菊的時候，當然也忘不了社會的
大事，『少時壯且厲，撫劍獨行遊』的
氣概，還可以在他的作反語用的平淡中
想見得到。」[註3]

周作人（左一）與北大教授

　　周作人曾經一度以反封建的戰士形
象出現於新文壇，如今他卻從「風口」
踅回「苦雨齋」，他在「自己的園地」
裡作著《雨天的書》、《苦茶隨筆》，
他要塑造「平和沖淡」的形象，於是他
不願把那些尖銳批評社會人事的所謂
「雜文」，編入文集裡。也因此人們淡
忘，甚至是根本不知道周作人有過「凌
厲驍勇」的一面，而這些集外遺文，在
整個周作人早年創作中，所佔的比重

又相當大，一般研究者甚至錯誤地低估了它的分量，如此一來對周作人早期思想及創作樣貌有了誤讀，他們逕自地認為周作人的消沈與退隱是一貫的，而忽略了其間的掙扎與轉折，也落入了周作人自己設下「理智冷靜」形象的原意。

據統計周作人自一九一八年至一九三〇年間，他自編文集未收的就有四百餘篇，而這些散見於《晨報》、《晨報副刊》、《語絲》、《京報副刊》、《世界日報·副刊》等的文章，更能看出周作人早期思想及文學道路的發展與轉變。當然在這些文章中，大部分是頗為「辛辣」的「罵人」文章，他當年也曾計劃將其中的二百篇左右的文章，結為一集，名為《真談虎集》（案：周作人在1928年出版過《談虎集》上、下冊，收雜文一百三十二篇），甚至連目錄也擬好了，但最後因為「紳士氣……到底還是頗深，覺得這樣做，未免太自輕賤，所以決意模仿孔仲尼筆削的故事，而曾經廣告過的《真談虎集》於是也成為有目無書了。」而這些集外遺文，長期的不見於周作人的文集中，從他生前到他死後，直到一九八四年出版家也是研究者鍾叔河，花了十年的功夫，在一九九八年由湖南文藝出版社出版十卷本的《周作人文類編》，方才收了進去。當然鍾叔河還蒐集在一九三〇年以後的集外遺文及未刊稿，總計達一千三百餘篇，此均未見於周作人自編文集二十八種之內的，鍾氏的輯佚工作，不啻為後來的研究者多開了重新認識周作人的另一扇門，其功可謂偉矣。

對於一九一八～一九三〇年間的集外遺文，有研究者將其內容歸類為幾大項：

（一）語文問題的討論，（二）對傳統思想的攻擊，（三）對時

局與社會事件的討論，（四）關於清
室、帝制、奴性等問題的評論，（五）
圍繞女師大事件的論爭，（六）與「現
代評論社」的筆戰，（七）對「五卅慘
案」的討論，（八）對「三·一八慘
案」的討論，（九）對北洋軍閥的批
評，（十）對國民黨態度的轉變等，涉
及的範圍不可謂不廣。本文僅就周作
人與陳西瀅（陳源）之爭，（也就是女
師大及《現代評論》之爭），來回看周作
人「溫雅中有『鐵』」的一面，尤其是
在眾人都知道魯迅「罵」陳西瀅之事，
但大多數人都不知道周作人的「罵」陳
西瀅，其實不亞於乃兄，尤其是周作人
「罵」人的技巧，更高出於魯迅，諷刺
辛辣，獨幟一格。

我們知道「女師大風潮」起因於校
長楊蔭榆的治校無方及剛愎自用的家長
式作風。據當時身為女師大學生的許廣
平說：「她（案：指楊蔭榆）整天的披
起鐘氏斗篷，從大清早出門四處奔走，
不知幹出什麼事體以外，回到學校，不
是干涉一下子今天用幾多煤，明天撤換

女師大

許廣平

85

什麼教員，一屁股往臥室一躺，自然有一大群丫頭、寡婦，名為什麼校中職員的，實則女僕之不如，然後群居終日，言不及義，有時連食帶鬧，終宵達旦，一到和各主任教員周旋，和學生接談，都是言語支離，問東答西，不得要領的糊塗蟲，學生迫得沒法，由各班推舉代表去見她，要求她自行辭職。……」。

一九二五年二月二十八日，《周作人日記》云：「女師舊生田、羅二女生來講，為女師大事也。」晚年周作人在《知堂回想錄》中說：「她們（指：來訪的兩位學生）說是中立派，來為學校求解決，只要換掉校長，風潮便自平息。那時是馬夷初以教育部次長代理部務，我當晚就打電話到馬次長的家裡轉達此意；馬次長說這事好辦，校長可以撤換，但學生不能指定後任為誰，如一定要易培基，便難以辦到。這事我不知底細，不能負責回答，就拖延了下來，到了四月內閣改組，由章行嚴出長教育，於是局勢改變，是『正人君子』的世界了。」（註4）

陳西瀅與夫人凌叔華

　　而早在三個星期前的二月七日，
陳西瀅在《現代評論》第九期的〈時事
短評〉欄目上，他以〈北京的學潮〉一
文，嘲諷女師大學生：「不過我們覺得
那宣言中所舉的校長的劣跡，大都不值
一笑。至於用『欲飽私囊』的字眼，
加楊氏以『莫須有』之罪，我們實在
為『全國女界的最高學府』的學生不
取。」三月二十一日，陳西瀅又發表
〈女師大的風潮〉，以「一個女讀者」
的來信說：「那些宣言中所列舉楊氏的
罪名，人都不能成立。」文中還提到：
「女師人中攻擊楊氏的學生，不過是極
少數的學生；而這回風潮的產生和發
表，校內外尚有人在那裡主使。」

　　五月九日楊蔭榆以校長和校評議會
名義貼出布告，開除許廣平等六名學生
會幹部，全校譁然。五月十一日，女師
大全體學生加開緊急大會，決議徹底驅
逐楊蔭榆，將校長辦公室、寢室和秘書
辦公室全部貼上封條。同時學生自治會
發出〈懇請本校主持公道之諸先生出面
維持校務書〉。而原本還保持沉默的魯

魯迅

迅在五月十日發表了〈突然想到〉一文，將章士釗、楊蔭榆之流稱作「凶獸樣的羊」和「羊樣的凶獸」，他告誡學生：「對手如凶獸時就如凶獸，對手如羊時就如羊。」五月二十七日，魯迅及馬裕藻、沈尹默、錢玄同、沈兼士、周作人、李泰棻共七人，發表七教授〈對北京女子師範大學風潮宣言〉，由魯迅起草。

　　五月三十日，陳西瀅在《現代評論》第二十五期上，發表〈粉刷毛廁〉一文，他說：「女師大的風潮，究竟學生是對的還是錯的，反對校長的是少數還是多數，我們沒有調查詳細的事實，無從知道。……在這時候勸學生們不為過甚，或是勸楊校長辭職引退，都無非粉刷毛廁，並不能解決根本的問題。」陳西瀅打著「公理」、「公正」、「公平」的幌子猛攻，最後更指向魯迅的〈宣言〉，他說：「以前我們常常聽說女師大的風潮，有在北京教育界占最大勢力的某籍某系的人在暗中鼓勵，可是我們說不敢相信。這個宣言語氣措辭，我們看來，未免過於偏袒一方，不太平允，……這是很可惜的。我們自然還是不信我們平素所很尊敬的人會暗中挑剔風潮，但是這篇宣言一出，免不了流言更加傳布得厲害了。」

　　周作人見後，他的反應甚至比魯迅還要快，他馬上在六月一日的《京報副刊》發表〈京兆人〉予以回擊，他說：「總沒有凡某籍人不能說校長不對的道理」。他認為「造這種先發制人的流言者」，心裡「卑劣」，「實在可憐極了」，只會更引起「向來不願多嘴的人」的「反感」，「反而說起話來」。他並明言「我對楊先生對付女師大風潮的辦法向來就不滿意。」他為了表示要堅決批評下去，甚至宣佈「捨籍貫而取說話」，「改籍為京兆人」。周作人因陳西瀅此文，明

顯地激怒了，他在文中，諷刺陳西瀅等「江蘇人」、「無錫人」，受了楊蔭榆在「飯店」請「吃飯」的「外交手段」，造作流言。這和陳西瀅同樣都是「無的放矢」的流言，正應了「以子之矛，攻子之盾」，有些口不擇言了。

一九二六年一月十三日徐志摩在他自己主持的《晨報副刊》上，發表了〈《閒話》引出來的閒話〉一文，在文章中徐志摩恭維陳西瀅的文章「是分明私淑法郎士的（案：法國作家文學評論家Anatole France，1844～1924），也不只寫文章一件事——除了他對女性的態度，那是太忠貞了，幾乎叫你聯想到中世紀修道院裡穿長袍餵鴿子的法蘭西士派的『兄弟』們。」又說：『他學的是法郎士對人生的態度，在譏諷中有容忍，在容忍中有譏諷；……他唯一的標準是理性，唯一的動機是憐憫。』周作人看後，深不以為然，他寫了〈閒話的閒話之閒話〉，在一月二十日刊登在《晨報副刊》，其中有「我知道在北京有兩位新文化新文學的名人名教授，因為憤女師大前途之棘，先章士釗，後楊蔭榆而揚言於眾曰，『現在的女學生都可以叫局。』這兩位名人是誰，這裡也不必說，反正總是學者紳士罷了。……像陳先生那樣真是忠貞於女性的人，不知道對於這些東西將取什麼態度：譏諷呢，容忍呢？哈，哈哈。……」。

而另一方面，林語堂在《語絲》六十三期發表〈寫在劉博士文章及「愛管閒事」圖表的後面〉，劉半農也在同期發表〈罵瞎了眼的文學史家〉及六十四期發表〈奉答陳通伯先生兼答SSS君及某前輩〉等譏刺陳西瀅的文章。這自然引起了陳西瀅的激烈反擊，於是他在一月三十日的《晨報副刊》上發表了九封信，分別是：（一）西瀅致豈明

（即周作人教授），（二）豈明致西瀅，（三）豈明致西瀅，（四）西瀅致鳳舉，（五）鳳舉致西瀅，（六）西瀅致豈明，（七）鳳舉致西瀅，（八）西瀅致鳳舉，（九）西瀅致志摩。並附錄三封計：（甲）西瀅致半農（即劉復博士），（乙）半農致西瀅，（丙）西瀅致半農。其時任北京大學教授和北京女子師範大學講師的張鳳舉，也被牽涉到「叫局事件」中，原因是他曾告訴周作人自己聽陳西瀅等人說過「現在的女學生可以叫局」的話。然因他和爭議的雙方，都是朋友，後來周作人要他出面作證，為他所拒絕。也因如此，周作人在這場爭辯中，是處於被動的。儘管周作人一再退讓，但陳西瀅仍是步步進逼，他公佈私人通信，其用意在陷周氏兄弟於「捏造事實，散布流言」的不利境地。另外他給徐志摩的信，也澄清自己與楊蔭榆並非親友，也從未受過楊蔭榆的招待。

周作人晚年在《知堂回想錄》中說：「我根據張鳳舉的報告，揭發陳源曾經揚言曰，『現在的女學生都可以叫局。』後來陳源追問來源，欲待發表，而鳳舉竭力央求，為息事寧人計，只好說是得之傳聞，等於認輸；當時川島很是不平，因為他也在場聽到張鳳舉的話，有一回在會賢堂聚會的時候，想當面揭穿，也是我阻止了。」但在他一九二六年三月一日發表在《語絲》的〈致川島〉文中說：「我寧願人家疑我是造陳源先生的流言，不願再吵鬧下去。這是我所以做偽君子的緣故。」他在信中引了一段書說：「不恥敵多，但須選為敵之人，如有卑鄙之敵，即此已是敗北，已是恥辱了。」當時或是他為了自顧「體統」，而已不願與他所鄙視的陳西瀅對罵了。

一九二六年三月二十二日，《語絲》七十一期，增設了「不收外

稿」的〈我們的閒話〉，在第一篇中，周作人即窮詰《現代評論》曾否收受章士釗的二千元大洋？嗣後周作人的態度越趨強硬，他在「津貼」的問題上糾纏不休了。四月十二日周作人在《京報副刊》，發表〈恕陳源〉一文，坐實了《現代評論》拿了一千元，他說：「夫一千元者，非由段祺瑞、章士釗經手而賜給《現代評論》者乎？此即段、章發給《現代評論》之命令，陳源所鞠躬盡瘁地奉行者也。我們看一千元即可以知陳源說話之原因，看陳源如此說話，即可以知一千元之效力了。」而在四月十九日《語絲》第七十五期，周作人在〈論並非睚眦之仇〉一文中說：「他們要收章士釗的一千元，也不干我事，只要他們不丟醜，不要當作賄賂拿，但是，看啊，這樣一副情形，由不好惹的陳源先生起來千方百計、明槍暗箭地替章士釗出力，閒話俱在，不是別人能夠『偽造』的。」此後如〈我們的閒話·六〉、〈我們的閒話·九〉等文章，都是緊抓著一千元津貼的事，來諷刺陳西

章士釗

瀅與《現代評論》的。

　　此外攻擊陳西瀅或《現代評論》的文章，還有〈我們的閒話·十三·梁任公的腰子〉、〈同濟大學的誓約書·案語〉、〈陳源教授的報復·案語〉、〈我們的閒話·十六·懷孤桐先生〉、〈關於一千元〉等等。不僅如此，周作人還發表〈論別號之危害〉（見〈我們的閒話·二十〉）以「門內木」的筆名「大閑」，來調侃陳西瀅「門內月」的「老牌閒話」。除此之外，周作人在《世界日報副刊》發表的〈胡適之的朋友的報〉、〈條陳四項〉、〈訴苦〉、〈黴菌與瘋子〉等文章，在在都在諷刺《現代評論》與段祺瑞及章士釗。

　　而最後讓周作人大動肝火，並且「下戰書」的是《現代評論》中人唐有壬（案：唐才常的次子）在一九二六年五月十八日致函上海《晶報》，對該報五月十二日所載「《現代評論》被收買？」的報導，做出辯解。唐有壬謂「《現代評論》被收買的消息，起源於俄國莫斯科。……當時我們聽了，以為這不過是共產黨造謠的慣技，不足為奇，……那時有一位與《語絲》有關係的北大教授，做了一篇罵王九齡的文章，要《現代評論》登載。……我們最初就持著『只論事，不論人』的主旨，對於這種謾罵攻訐式的稿件，便直截了當謝絕了。這是《現代評論》與《語絲》結怨之始，而三千元津貼的話，也就由他們傳達於全北京，他們不僅在紙上寫，而且在講堂對學生說。……」周作人在七月五日的《語絲》第八十六期發表了〈《現代評論》主角唐有壬致《晶報》書·書後〉一文，抨擊唐有壬說：「我對於唐君不得不嚴重訓誡，這便是說《現代評論》收受章士釗一千元的消息乃是從《現代評論》社出來的，收受國民黨一千元的消息也是如此。唐君

卻硬說這是赤俄的消息，信中又拉扯共產黨的言動，時時用『他們』這一代名詞籠統包括，這實在是一種卑劣陰險，沒有人氣的行為。隨便說人是共產黨，這與前清時隨便說人是革命黨、亂黨無異，不是常人所應為的。……唐君可以放心，《語絲》裡沒有像陳西瀅、唐有壬這種陰險卑怯的人，絕不會去勾結軍閥謀害異己的。呵呵，說章士釗的黨羽之《現代評論》社的人是共產黨，去告發他們！哈哈，這與指一隻吧兒狗說是豺狼何異，我們雖糊塗，也何至於此？」。文中還要求「正人君子」以書面或口頭鄭重聲明《現代評論》社，並未收受章士釗的一千元，倘若收受便是「畜生之畜生」。稍後，又訂正要求，要對方在十日之內——即七月三十一日前聲明，否則即是「默認」。緊接著在七月二十六日的《語絲》八十九期上，周作人緊盯著這十天之期，他說：「《現代評論》社諸君子鑒：現在只有六天了！章士釗一千元的辯論定於七月三十一日截止。」但到了截止日期，《現代評論》社並沒有回應，於是周作人在八月二日的《語絲》第九十期上，發表〈我們的閒話·三十〉「鄭重聲明」說：「《現代評論》社收受章士釗一千元一節全係事實」，即使對方訴訟也願「隨時奉陪」，如再掩飾，則乃「畜生之畜生」，恕不齒及。

論者指出，周作人在二〇年代雖曾多次捲入筆戰，但都以理智擺脫纏鬥，而此次對《現代評論》派之咄咄逼人，不假寬貸，實屬首見。推其原因，大概是與痛恨陳西瀅誣陷「三·一八」慘案受害人，與唐有壬扣共產黨帽子以誅除異己的言論有關。

一九二六年三月十八日，段祺瑞執政府對請願的學生開槍射擊，死四十七人，傷一百五十餘人，是為「三·一八」慘案。三月二十一

「三・一八」慘案

日，周作人發表〈為三月十八日國務院殘殺事件忠告國民軍〉於《京報副刊》，他稱「三・一八」事為「北京城中破天荒的大殘殺」，比「五卅」「更為野蠻」。他除了要求懲辦段、章、賈諸人外，也不能「曲為諒解」「國民軍首領」，「姑進以」「最後之忠告」。他除了以理斥責之外，悲憤之情，溢於言表。而當民眾尚在哀痛與憤怒之中，各種各樣為政府辯護或尋找替罪的流言也產生了。對此，周作人毫不留情地予以反擊。因此當陳西瀅在《現代評論》的〈閒話〉中，謂楊德群是被「一個教職員勉強她去，她不得已去了。」時，周作人立即引述楊德群的親屬任培道女士的話，予以反駁，並諷刺陳西瀅，「有外甥替他的『娘舅』捏造事實，（案：吳稚暉為陳西瀅之娘舅），傳布流言，以取媚權貴。」文中抨擊陳西瀅「實係利用死者以發表其陰險之暗示」。「他實在是《現代評論》社裡替章士釗最出力的唯一的人。」周作人憤懣已極地說：「有朋友對我說，在這樣

社會裡與那樣陰險的人去為難，是頗為危險的。……至於危險呢，或者就是通緝吧？因了言論而被通緝，倒也是好玩的。」（見一九二六年三月三十日《京報副刊》的〈陳源口中的楊德群女士〉。）

一九二六年四月十二日，周作人在《京報副刊》發表〈恕陳源〉一文，其實他是用了反語，他是「一個也不寬恕」，它是一篇鞭撻得更為淋漓盡致的諷罵，他說陳西瀅之捧段祺瑞、章士釗，是和府衛同樣是「無知識」和「奉令」，因此是可以「寬恕」的。該文潑辣肆恣，狠狠地挖苦了陳西瀅，充份顯現了周作人對「知識階級」取媚於當道的憤慨。

此後周作人在《語絲》雖然不再有專論《現代評論》派的文章，不過在他行文立論之間，常扯出該社的人事，而加以諷刺。甚至到了一九二七年之後，周作人仍有「正人君子」、「一千元莫斯科」、「維特公理」等字眼，來諷刺《現代評論》派。而《現代評論》派的人南下，他仍對其「已全體加入國民黨矣」而憾憾不已。

周作人在〈論並非睚眦之仇〉一文中說：「我與陳源一點都沒有什麼仇。我最初看見陳源先生是在北大，我聽說他是由那時在歐洲的劉半農、傅孟真聯名保薦來的，這兩位都是我很熟的朋友，所以我對於他們所薦舉的人，自然也很看重的。第二次見面是在我的家裡，那時是兩個朋友和我邀請些人來喝酒談天。以後不久就有了那個時常在《晨報》論前啟事的聚餐會，我也去了不少次數，直到『新月社』成立為止。不過松樹胡同我雖然沒有去過，在別處的會見卻還是常有，我記得去年二月中旬，還曾經承陳源先生和丁西林、張鳳舉二君之邀，同去逛過玉皇頂，後來或者還會餐過一二次。到了五月末的那一

晚年的陳西瀅

期《現代評論》出來，說起『某籍某系』的流言，我才心裡有點不以為然，但是因為楊蔭榆女士是無錫人，是陳源先生的某籍，我以為或者是一時鄉曲之見，要替她幫忙，也還不足深怪的。八月一日以後，楊蔭榆、劉百昭率領老媽打手，爬牆打扇，章士釗請教東吉祥，正人君子之真面目全然暴露，陳源一面為北大反反章派之柱石，一面在《現代評論》上大做其閒話，為章士釗張目，從這時候起，老實說，我乃完全看不起他了。我與陳源個人始終沒有嫌怨，既沒有要爭那裡的教務長，也沒有什麼別的糾葛，不但未曾有過言論或意見上的衝突，其實真是連眼睛的斜看一下也沒有。不，什麼都沒有。我看不起陳源的是他的捧章士釗，捧無恥的章士釗，做那無恥之尤的勾當。」

從「舊友」到「論敵」，周作人對陳西瀅及《現代評論》之論爭，恐怕是周作人在論戰中，時日綿延最久，論戰最為激烈的一役。除了上述周作人對陳西瀅支持章士釗的言論是兩人激化的主

因外，兩人有不同的學養、不同的人生際遇，亦是無可迴避的事實。在當時的北京文化界、學術界有所謂留英、留美派的諸如胡適、徐志摩、陳西瀅諸人，也有如魯迅、周作人等留日派的。而周氏兄弟比起陳西瀅等留英留美派的博士，地位似乎要來得低點，學者范玉吉就指出，這批師從當時世界著名的學者，就讀於世界聞名的大學的所謂歐美派文人，回到國內，往往都有一種優越感，認為自己接受過正統的西方文化薰陶，受到過嚴格的西方學術訓練，因而真正代表了「新文化」運動的方向——追求現代性——因此他們對社會有一種「舍我其誰」的責任感，所以他們的發言總帶有一種權威感，動輒以西方為參照系，來評價社會現實。這樣很容易引起另一部分知識群體的反應，例如《語絲》派的文人們就十分不賞他們的帳。《語絲》派的文人除極個別人外，大都沒有在國外受過系統而完整的文化訓練，沒有拿到象徵學術水準的博士文憑，但這些人又確實極其聰慧，富有創造力，他們都在文學方面取得了一定的成就。因此，他便和以《現代評論》派為代表的自由主義知識分子互相看不起。因此後來周氏兄弟常用反諷的手法稱他們為「正人君子」、「ＸＸ教授」，而稱自己為「學匪」，從而在文化心態上保持一種針鋒相對的「鬥爭」姿態。（註5）

從周作人與陳西瀅的對罵中，我們可以看到周作人「浮躁凌厲」的一面，雖然他早已到極慕平淡自然的境地，但直到一九二七年的秋天，他還不能徹底地「平和沖淡」，只要問題觸及他的痛處，還是會拍案奮然而起的。這也是他自稱是「流氓」與「紳士」中的「流氓面」，只是後來他不願這些「少壯勇且厲」的文章，收入自編文集中，而強迫人們只認識他「紳士」的一面。周作人是個複雜的人物，

晚年的周作人

但一般從文學角度去了解，莫不認為他「平和沖淡」的文章，透過草木蟲魚這些細微瑣事，開拓了更為精緻的私人視野，並將所謂「閒適」的小品文推向了高峰。然而周作人斑雜的思想是需作整體的考察，而不是有意地刪削，正如他後來扮演一個「附逆」的尷尬角色，在對日抗戰中，他成了日本侵略者的幫兇，都是需要被正視的問題，而不能因為他文學上的成就而輕輕放過，這是大是大非的事。歷史是不能假設的，否則設若周作人在八道灣客廳遭暗殺時，設若那銅扣沒有擋住子彈，那就沒有後來成為「漢奸」的情節，他那些早就存在的「頹廢的歷史觀」將無所附麗，是這些對歷史悲劇性循環的無可奈何，難有作為的嘆息，蒸發出一股消蝕鬥志的冷氣，也因此而引墮到「苟全性命於亂世」的政治漩渦中，一切是其來有自的。這不禁使我們想起白居易的著名詩句：「假使當年身便死，一生真偽有誰知」！是的，假使周作人當年身死，則後面「附逆」的事，無從發生，剩下

的只是功成名就。但造化弄人，終究讓我們看清了周作人的另一面。
同樣的對於他自己的刪削作品，我們覺得相當遺憾，因為從這些大量
的集外遺文，你才能看到作家的另一面！你才能印證他思想駁雜的一
面！

註1：溫源寧著，《Imperfect Understanding》，1935年Kelly&Walsh，
　　　Ltd.出版。中譯本《一知半解》，南星譯，遼寧教育出版社，2001
　　　年，頁十六。

註2：李景彬〈魯迅和周作人的散文創作比較觀〉，《江漢論壇》，1982
　　　年第八期，頁四十一。

註3：《中國新文學大系》第七卷，〈散文二集·導言〉，頁十四～
　　　十五。1935～1936年，上海良友圖書公司出版。

註4：《知堂回想錄》〈女師大與東吉祥（一）〉，頁四四二，三育圖書
　　　文具公司。

註5：范玉吉〈被窒息的空間——以陳西瀅為個案分析二〇年代中國言論
　　　空間開創的嘗試〉，上海師範大學學報（社會科學版），2002年3
　　　月，第31卷第2期。

第八章

最後一個浪漫派

雖然沈從文說他是一九二二年離湘來京的，但據學者的考證，應是一九二三年。當時沈從文出於生命意識的初步自覺，受五四新文化運動的召喚，「為新的人生智慧光輝而傾心」，於是他離開邊城來到京城，為的是「尋找理想，讀點書」。然而當時的北京城並未向這位來自湘西的「鄉下人」，張開歡迎的雙手；相反地，一開始他就遭受物質和精神的雙重磨難。他升學失敗、求職碰壁，經常餓著肚皮躑躅街頭，同時還要接受那些招搖過市的紳士淑女們目光的鄙夷和羞辱。燃眉灼睫的困窘，使他拿出筆，舖開稿紙，在陰冷的雜屋裡寫啊寫的，手上的凍瘡已潰破流膿，鼻孔裡的鮮血也滴在稿紙上，但一篇篇寄出去的稿件卻沒有被採用。這樣的飢寒交迫，究竟還能撐多久呢？於是他寫信向外求援，兩大後一位身著灰布長衫，面容清癯的年輕人來訪，他看到沈從文生活困頓，他站起身來，將脖子上一條淡灰色羊毛

汪曾祺（左）與沈從文（右）

《晨報副刊》

圍巾摘下，彈去上面的雪花，披到沈從
文的身上。然後邀沈從文到附近一家小
飯館吃了一頓飯。他拿出五塊錢結了
帳，並將找回的三塊多錢全給了沈從
文，他就是年輕作家郁達夫。昔日漂母
一飯救了韓信，此時郁達夫一飯救了沈
從文，這可真是中國現代文學史上一道
極其蒼涼而又溫暖的風景。

　　郁達夫無疑的是識珠者，更是愛才
者，此後他大力地介紹沈從文的習作給
京城各大副刊。沈從文從小經歷磨難，
過早地告別了無憂無慮的童年，形成了
他的偏於憂鬱的氣質。到北京後，又幾
乎陷於極端貧困之中。他的內在氣質和
現實感受，使他在創作的起步階段，自
然地靠近了郁達夫，他開始學著用郁達
夫的自我表現方式來宣洩內心的鬱積，
他寫出了〈棉鞋〉等作品。

　　接踵而至的徐志摩亦無愧為琢璞
者，他在自己主持的《晨報副刊》上發
表了沈從文的大批小說，而在一九二八
年一月沈從文離開北平到上海，在他和
胡也頻、丁玲籌備、編輯、出版了四期

《人間》雜誌、八期《紅黑》雜誌之
後，因資金周轉困難，雜誌叫停，而不
得不分頭找事做時，是徐志摩將他推薦
給當時擔任上海中國公學校長的胡適。
沈從文以小學都沒有畢業的資歷，而登
上大學講堂成為教師，這不能不說是胡
適了不起的「壯舉」。而這同時對沈從
文影響極大，學者沈衛威就指出，在這
之前沈從文「鄉下人」的學識和流浪作
家的實際身份，使他無法真正成為「新
月社」──「現代評論」文人群體的一
員，而只能是這個由大學教授或文化名
人所組成的自由主義文人群體的邊緣人
物。而他與胡適結緣，是他走進現代自
由主義文人群體的開始，也是他邁向現
代紳士階層的關鍵一步。走近胡適一
步，也是他與「鄉下人」疏離一步。但
不疏離，蛻變是不可能的。（註1）

　　而在一九三〇年五月胡適被迫辭去
中國公學校長後，沈從文也在四個月後
辭去教職。他應武漢大學文學院院長陳
西瀅之聘，到該校任教，當時校長是王
世杰，不僅是胡適的好友，也與陳西瀅

胡也頻

同為「現代評論」的主要人物。而一年後，沈從文又應胡適的學生、青島大學校長楊振聲之聘，到該校任教。同事有「新月」的同仁聞一多、梁實秋、孫大雨、陳夢家、趙太侔等人。一年後他又回到北平，然而這時候已不同於他初到北平時，一切都變得美好了。他獲得了追求多年的愛情，生活也進入了穩定期。又一年後，他終於和張兆和在北平中央公園水榭結婚了。同時他又與楊振聲接替了吳宓主編的天津《大公報》的〈文學副刊〉，並改名為〈文藝副刊〉，他將原本側重學術研究的副刊，轉為繽紛的文學園地。他成為文壇的著名作家和執名報紙副刊牛耳的人，更是「京派」文人的重要成員。朱光潛就這麼說過：「他（沈從文）編《大公報‧文藝》，我編商務印書館的《文學雜誌》，把北京的一些文人糾集在一起，佔據了兩個文藝陣地，因此博得了所謂『京派文人』的稱號」(註2)朱光潛直言不諱地道出媒體在現代文學流派和活動中相互依存的關係。

郁達夫與王映霞

　　而就在成為「城裡人」和新紳士階層之時，沈從文又無法完全忘卻他「鄉下人」的本性。他無法忘情山野水鄉的純靜恬美，而在社會革命運動高漲，個性解放精神已難以適應時代的要求之際，再加上他原本不具備郁達夫那樣強大的浪漫氣質和才情，於是魯迅所代表的鄉土文學就對他產生了重大的影響。沈從文說：「魯迅先生起始以鄉村回憶做題材的小說正受廣大讀者歡迎，我的學習用筆，因之獲得不少勇氣和信心。」[註3] 但即使如此，學者陳國恩認為，沈從文並無意追隨魯迅去反映農村的落後面貌和農民愚昧無知的精神狀態；他只醉心於表現鄉土的樸素與寧靜，把它們當成美的極致，或者寫一些美麗而憂傷的愛情故事，來記託他作為一個「鄉下人」的靈魂的痛苦掙扎。其所以如此，說明了他在突破了郁達夫的「自我表現」道路後，在深層意義上仍受浪漫主義的影響。亦即是說他去除了郁達夫浪漫小說中感傷和頹廢的成分，而讓「自我表現」採取了樸素的形式；或者乾脆把它運用於神話傳說的題材，讓作品增添浪漫的色彩。另外一方面沈從文並不避諱「性」的描寫，但他把郁達夫式的自我暴露，轉換為對自然人性的生動展現，讓大自然清新的氣息淨化了人物的肉慾衝動，凸顯其心靈的純樸。[註4] 因此沈從文超越了郁達夫和鄉土文學，以一種邊緣人的立場，在新時代的壓力下，卻堅持地走向樸素優美、洋溢著詩情畫意的田園牧歌。

　　當然這其間又有著徐志摩和廢名的絕大影響，沈從文說：「在寫作上想到下筆的便利，是以『我』為主，就官能感覺和印象溫習來寫隨筆。或向內寫心，或向外寫物，或內外兼寫，由心及物、由物及心，混成一片。方法多變化，包含多，體裁上更不拘文格文式，可以

廢名（馮文炳）

《桃園》

取例做參考的，現代作家中，徐志摩作品似乎最相宜。」^{（註5）}陳國恩指出，於是他從徐志摩作品中借鑒了以理節情的技巧，不讓筆下放肆，而力求把感情處理到和諧優美的形式中；同時還學習了在獨處中細膩地感知對象的方法，即「就官能感覺和印象溫習來寫隨筆」。^{（註6）}徐志摩詩歌中典雅溫婉的抒情風格，成了沈從文鄉土小說的底色。

至於沈從文向廢名靠攏，是因為廢名在退守社會邊緣時所採取的藝術方向，對處身於動盪之中而又渴望心境寧靜的沈從文，產生了同樣的吸引力。同時他們對鄉土題材本身包含著一份詩意，而優美的風景、純樸的民風、天真的少女，需要用一種與之相稱、最能體現他們恬淡美的風格去呈現，而他們有著類似的要求。然而沈從文的這類小說比廢名的《桃園》、《竹林的故事》那些沖淡的小說，要來得內涵豐富。主要是沈從文的小說尋找到新的支點，他在與現代都市文明形成的張力中，展開了新的視野。鄉村或者說湘西世界成為一

種烏托邦力量,來平衡和釋放他在都市文明中所感到的強大文化衝擊和焦慮。湘西世界是他從「邊城」走向了「世界」之後,從都市對於鄉村的返照,是作為現代都市人的沈從文的審美理想化的鄉村。正因如此,湘西的自然蠻性、素樸潑辣的生活,在沈從文的筆下成為一種審美的對象來把握。

沈從文說:「有人用文字作人類行為的歷史,我要寫我心和夢的歷史」。在〈習作選・代序〉中他說得更為明白:他無意追求作品與現實的對應。作品中所營造的那個「鄉土」世界,「這種世界即或根本沒有,也無礙於故事的真實。」亦即說沈從文筆下所營造的世界,是被藝術化了、象徵化了、心靈化了。而他對這個行將逝去的、封閉自足的世界,有著憑弔與抓嘆。他不止一次地真誠而深情地說過,他希望「從一個鄉下人的作品中,發現一種燃燒的感情,對於人類智慧與美的永遠的傾心,康健誠實的讚頌,以及對於愚蠢自私極端憎惡的感情,這種感情居然能刺激你們,引起你們對人生向上的憧憬,對當前一切腐爛現實的懷疑。」[註7] 浪漫氣息很重的沈從文,試圖以自己「心和夢的歷史」來解構現代生活的病態歷史,重建健全的人類生命史,其憂也深,其情也切。

學者趙園指出,湘西固屬「化外之境」,卻不是隱逸者的世界。那裡充滿濃烈的人間味、極其世俗的人生快樂。你更由作者的筆觸間,覺察到這世界的構築者本人對於那人生的怡然的滿足感。而那才是沈從文的本色。而基於此,沈從文筆下的風物人物都具體而親切近人,如他自己所說的,善於「體貼人情」;甚至他的「風俗畫」,也極饒風情的。婚喪慶弔等儀節風俗都被他生活化了,因此他的敘述雖

常常是一串密匝匝的細節，一氣舖排下來，但卻使人物與生活場景畢現，處處鮮活。而那「舖排」卻又因行文的輕巧自然，而使人不覺其為「舖排」。一些極不起眼的事物，只消樸素地寫出，就輕易地將你的類似經驗點醒了。沈從文放縱的想像和具體入微的描寫，使自由與節制，放與收，筆觸的疏與密、虛與實，在許多情況下，都配合得恰到好處，既瀟洒而又謹嚴，近於藝術創造中「自由」的境界。(註8)

自從二○年代末「革命文學」論爭以後，浪漫主義從五四時期的文學主潮之一的地位，退居到支流的位置。它與代表文藝主潮的左翼文藝運動產生了矛盾，而在相當長的時期裡，人們受「左」的思想的影響，獨尊寫實主義。在論及浪漫主義時，也只按郭沫若畫線，把郭沫若順應時代潮流的「轉變方向」，看做是浪漫主義思潮的壽終正寢。到三○年代初，沈從文綜合了五四鄉土文學和「創造社」、「新月社」甚至京派作家的藝術經驗，將五四浪漫

沈從文筆下的湘西

主義轉變為田園牧歌型的浪漫主義。它已不同於五四浪漫主義的風格了，它缺少了郁達夫自敍傳小說的那種強烈的激情。

沈從文寫得最好、最能體現出他個人風格的是以《邊城》、《蕭蕭》、《三三》、《阿黑小史》、《月下小景》為代表的湘西題材的小說，還有《豹子·媚金與那羊》、《神巫之愛》等寫傳說中貝有神性的人物的浪漫小說。這些都是他「心和夢的歷史」，他以「節制」代替了激情。沈從文說：「我懂得『人』多了一些，懂得自己也多了些。在『偶然』之一，過去所以自處的『安全』方式上，我發現了節制的美麗。在另外一個『偶然』，目前所以自現的『忘我』方式上，我又發現了忠誠的美麗。在第三個『偶然』，所希望於未來『謹慎』方式上，我還發現了謙退中包含勇氣與明智的美麗。」^(註9)雖然在當時以個性主義思想為基礎的現代浪漫主義思潮，處於左、右兩大勢力的夾縫中，生存空間大為縮小，已難現昔

《邊城》書影

日輝煌了，但沈從文卻能退居社會的邊緣，專去描寫邊地的淳樸民風，寧靜的自然風光，有其艱難的選擇。他說：「我還得在『神』之解體的時代，重新給做一種讚頌。在充滿古典莊嚴與雅致的詩歌失去光輝和意義時，來謹謹慎慎寫最後一首抒情詩。」（註10）

於是沈從文以田園牧歌的形式寫下了他對鄉土和家園的守望，他凸顯湘西世界蠻荒自然狀態和原始初民的神性、強力、元氣以及旺盛的情慾，讓讀者領略湘西世界的奇幻和浪漫，原始初民的自在與強健。學者劉洪濤就認為（註11），如果說沈從文的湘西世界是一首牧歌，那麼美與生命則是它的主旋律。在湘西的山山水水無不讓人心醉，薄暮時分「月光淡淡的灑滿了各處，如一首富於光色和諧雅麗的詩歌」，山寨中，樹林角上，平田的一隅，「飄揚著快樂的火焰」。還有清亮細碎的馬項鈴和沉靜莊嚴的銅鐸的聲音。而「雨落個不止，溪面一片煙」，特別是那城裡划龍船的蓬蓬鼓聲剛剛響起，這邊渡口上的人還

湘西一景

反應不過來。那靈性十足的「黃狗汪汪的吠著，受了驚似的繞屋亂走，有人過渡時，便隨船過河東岸去，且跑到那小山頭向城裡一方面大吠。」

而當沈從文寫到《邊城》裡的翠翠時，說她「在風日裡長養著，把皮膚變得黑黑的」，「觸目為青山綠水，一對眸子清如水晶」。作者把翠翠與自然山川靈氣融為一體，寫出一個勤勞、善良、精明、純潔的山村姑娘。她是美的化身、善的象徵。翠翠是苦的，是美的，然而也是悲的。一條渡船不僅連接著老船夫與女兒苦難人生，而且連接孫女翠翠愛情上的不幸。大老和二老都愛上翠翠，翠翠喜歡的是二老，結果是順順派人來給大老作媒。團總給順順家提親，以輾坊作女兒的嫁妝，看中又恰恰是二老。二老為翠翠唱了一夜歌，恰好翠翠睡著了。大老因為同弟弟爭翠翠受挫，一氣之下，坐下水船到茨灘時淹死了。二老因哥哥死去，又得不到翠翠理會，也坐船下了桃源。結尾是翠翠在渡船上，等待「那個在月下唱歌，使翠翠

翠翠在此渡船

在睡夢裡為歌聲把靈魂輕輕浮起來的年輕人,這個人也許永遠不回來了,也許明天就會回來。」

　　沈從文的「心和夢的歷史」,是美麗的,但美得總使人憂愁。尤其是在革命的年代裡,顯得頗為不合時宜,但他表面看來迂闊的追求卻更切近文學的本性,這也使得他這個自稱是「最後一個浪漫派」,在重新被發現時,又再度引發熱點。

註1：沈衛威〈鄉下人的紳士之路－－沈從文與胡適往來書信解讀〉,收入《胡適與他的朋友》第六集,李又寧主編,紐約天外出版社,二〇〇一年。

註2：朱光潛〈從沈從文的人格看沈從文的文藝風格〉,《花城》,一九八〇年第五期。

註3：〈沈從文小說選集·題記〉,《沈從文文集》第十一卷,花城出版社,一九八四年。

註4、6：《浪漫主義與二十世紀中國文學》,陳國恩著,安徽教育出版社,二〇〇〇年。

註5：〈從徐志摩作品學習「抒情」〉,《沈從文文集》第十一卷,花城出版社,一九八四年。

註7：〈沈從文小說習作選·代序〉,《沈從文文集》第十一卷,花城出版社,一九八四年。

註8：《論小說十家》,趙園著,浙江文藝出版社,一九八七年。

註9、10：〈水雲〉,《沈從文文集》第十卷,花城出版社,一九八四年。

註11：《邊城：牧歌與中國形象》,劉洪濤著,廣西教育出版社,二〇〇三年。

第九章

播火者
——巴金與吳朗西

在中國現代文學史上有許多優秀的作家，同時也是優秀的編輯，例如像茅盾、葉聖陶、靳以、胡風、鄭振鐸諸人。但就成績而言，巴金當首推第一。難怪香港文學史家司馬長風要説：「巴金以文名太高，掩蓋了他在出版事業方面的貢獻，其實後者對新文學的貢獻遠比前者重大。」(註1)洵非虛言。巴金早年便曾和朋友編輯過不少刊物，但大都與他早年的政治信仰有關，直到一九三四年，他參與鄭振鐸、靳以主編的大型文藝刊物《文學季刊》後，他的編輯工作與文學事業正式掛了鉤。然而真正代表他的編輯出版事業的，要到一九三五年「文化生活出版社」的成立，他擔任總編輯開始。

「文化生活出版社」創辦於一九三五年五月。起初是由吳朗西、柳靜夫婦和伍禪（陸少懿）、麗尼（郭安仁）幾人搞起來的。他們最初想模仿美國「萬人叢書」、日本「岩波文庫」的編輯方式，計劃出版一套綜合性叢

113

茅盾

巴金

《文學季刊》

書，其中「有文學，有社會科學，有自然科學，有翻譯的，也有創作的」[註2]，並把這套叢書取名為「文化生活叢刊」。因為吳朗西編過《美術生活》與《漫畫生活》兩本刊物，因此順口用了「文化生活」為叢書的名稱。

「文化生活叢刊」的第一批書是許天虹譯的《第二次世界大戰》和麗尼譯的紀德小說《田園交響樂》，已經用了「巴金主編」的名義，雖然當時巴金仍在日本，吳朗西這麼回憶著：「這期間我寫信給在日本的老友巴金，把我們要辦書店，出版一套『文化生活叢刊』的計劃告訴他，向他索稿，並十分盼望他回國來主持編輯工作，他同意了，我們可高興啦。巴金當時已是擁有廣大讀者的有名作家，他有搞編輯工作的經驗，他做事認真負責，有他來挑這個重擔，我對我們的事業前途是更加有信心了。巴金寫的《俄國社會運動史話》、巴金譯的《獄中記》、我編選的漫畫集《柏林生活素描》也陸續排印了。大概是八月初，巴金從日本回上海了，接著伍

禪、陸聖泉、楊挹清、俞福祚也參加了
『文化生活出版社』的工作，『文化生
活出版社』便正式成立了。」^(註3)

　　在這期間吳朗西又透過黃源的關
係，從魯迅那裏約來魯迅譯的高爾基的
《俄羅斯童話》，這是「文化生活出版
社」得到魯迅支持的第一步。之後由於
原本想出版魯迅創辦的「譯文叢書」的
「生活書店」毀約，於是黃源和吳朗
西、巴金聯繫後，商定「譯文叢書」轉
到「文化生活出版社」出版。《魯迅日
記》一九三五年九月十五日云：「河清
（案：黃源）邀在南京飯店夜飯，晚與
廣平攜海嬰往，同席共十人」。十人即
是魯迅、茅盾、黎烈文、吳朗西、巴
金、胡風、傅東華、黃源、許廣平和海
嬰。於是這樣，吳朗西和「文化生活出
版社」就同魯迅直接聯繫起來了。魯迅
翻譯的果戈理《死魂靈》成為「譯文叢
書」的第一本，不到兩個月就在「文化
生活出版社」出版了。而據黃源回憶：
「巴金後來搞『文學叢書』也是我們在
南京飯店吃飯的時候，巴金要求、魯迅

吳朗西

黃源

《譯文》

《死魂靈》

《凱綏‧珂勒惠支版畫選集》

答應的。後來這套叢書的第一本就是魯迅的《故事新編》。」（註4）

　　一九三六年，吳朗西還協助魯迅印製以「三閒書屋」名義刊印的木刻畫集《死魂靈百圖》和《凱綏‧珂勒惠支版畫選集》縮印本。《死魂靈百圖》是由俄國畫家阿庚畫，培爾那爾特斯基刻。魯迅編選並作〈小引〉。是年一月八日，魯迅託黃源交三百元給「文化生活出版社」，作為自印之經費。在以後的幾個月內，《魯迅日記》上常有「寄吳朗西信」，「吳朗西來」等，這是吳朗西向魯迅商量有關印刷等事宜。該書分精裝與平裝兩種，精裝本藍綢封面，圖案和書名燙金，紙質頗佳。它是由魯迅精心策劃、錢君匋設計裝幀的。封面用的藍綢，是吳朗西與錢君匋兩人跑了幾家綢莊後，「最後在河南路（北京路附近）一家湖州綢莊看到一種藍綢子，比較中意。」（註5）吳朗西就買了一點綢樣給魯迅看，魯迅看後表示同意採用。但此書是採用照相平版印製的，在印工方面還存在缺點。而後來灰紙封面毛邊的

平裝本則印得比較好。而珂版《凱綏·珂勒惠支版畫選集》，從文字的排印到託代裝訂成書，吳朗西和魯迅接觸頻繁，通力協作，終於完成。初版一〇三冊，除部分贈書外，其餘在出版後不久就銷售一空。

為因應讀者需要，魯迅授權「文化生活出版社」，改版重印，《凱綏·珂勒惠支版畫選集》，分精裝、平裝兩種，作為該社「新藝術叢刊」第一種於十月出版。此書原來估計，大約在十一月才能出書。但由於要趕緊送給在病中的魯迅看，裝訂廠也趕工。十月十六日吳朗西將從裝訂廠所趕出來的幾本精裝本直接送往魯迅家，魯迅仔細看後點頭說：「這本版畫印得還可以，裝幀也美觀大方。以後的畫集就照這樣印，一個月可以出一本吧。」遺憾的是三天後，魯迅卻溘然長逝了。吳朗西回憶說：「後來知道先生第二天拿了這《版畫選集》縮印本去送鹿地亙君，在外面受了風寒，氣喘復發，以致……我真後悔，悔不該十六日把書送去。」[註6] 該書成為魯迅生前經營出版的最後一本書，而吳朗西也被認為魯迅晚年最信任的出版家。

一九三五年八月巴金從日本回國，出任「文化生活出版社」總編輯，他一面主編「文化生活叢刊」，一面開始著手編輯一套「文學叢刊」。巴金早在一九三四年編《文學季刊》時，就曾和靳以為北平「立達書局」編過一套十本的文學叢書，作者主要是當時北方文壇的新秀，包括沈從文的《八駿圖》、曹禺的《雷雨》、卞之琳的《魚目集》、李健吾的《以身作則》等。「立達書局」曾支付了三百元稿酬，然因考慮到銷路問題，書稿一直沒有出版。於是此時巴金同「立達書局」商量後，由「文化生活出版社」支付給「立達書局」三百元，並將稿子取回。再加上魯迅的《故事新編》、茅盾的《路》、巴

金的《神·鬼·人》等六本作品，出版了第一集「文學叢刊」共十六本。之後到一九四九年，前後共出了十集，共一六〇本，它成為現代文學史上最重要的一套文學叢書。

在這一六〇本作品中，作者共有八十六人之多，除了魯迅、茅盾、鄭振鐸、王統照等少數老作家外，主要是由文學新人構成的。他們可分為四個部分：其一為巴金在北平辦《文學季刊》時結識的一批年輕作家，如沈從文、曹禺、何其芳、卞之琳、李廣田、靳以、吳組緗、李健吾、蘆焚、蕭乾等；其二為魯迅周圍的左翼文學青年，如胡風、周文、葉紫、蕭軍、蕭紅、張天翼、艾蕪、沙汀等；其三為「文化生活出版社」或與巴金關係較密的作家，如麗尼、陸蠡、繆崇群、王魯彥、羅淑等；其四為四〇年代西南聯大的文學青年及抗戰勝利後上海的年輕作家，如汪曾祺、方敬、穆旦、林蒲、黃裳等。其涵蓋面之廣，可謂空前。

巴金的編輯方針，不僅打破「京派」與「海派」的界線，也打破了以往如「商務印書館」出版的「文學研究會叢書」、「泰東書局」出版的「創造社叢書」、「北新書局」出版的「未名叢刊」，那種以社團、宗派為標準的出版原則。^(註7)司馬長風就曾指出「文學叢刊」：「能夠破除門戶之見，選輯的作品包括各派的作家」^(註8)。它使中國現代文學出現了真正恢宏、博大的氣象。而在當時其它出版社，大都以出版名家的作品為主，巴金卻斷言：「編輯的成績不在於發表名人的作品，而在於發現新的作家，推薦新的創作。」這在商業的考慮下，不能不說冒著很大的風險，但巴金晚年對學者陳思和說：「我當年編『文學叢刊』，就是靠著一股理想，那時也有人反對，說

編這類書不賺錢，結果我還是編了，不
但沒賠本，還銷得很好。這說明好書總
是有人讀的……。」（註9）在一六〇本的
「文學叢刊」裏，我們發覺新作家的處
女作竟高達三十六部之多，幾佔總數的
四分之一。雖是如此，但巴金面對新人
新作，也都是精心挑選。例如一九三六
年九月《大公報》文藝獎金得主：曹禺
的《日出》（戲劇獎）、蘆焚的《谷》
（小說獎）、何其芳的《畫夢錄》（散
文獎）。三部作品都出巴金之手，推向
市場，其中蘆焚、何其芳可說是新人新
作，而曹禺在這之前也只不過出了《雷
雨》，也可說是新人。但巴金卻慧眼獨
具地選擇了他們。

　　「文學叢刊」成為青年作家成長
的搖籃，它不但為那些後來在文學史上
大放異彩的作家（如曹禺、李健吾、何其
芳、吳組緗等）開闢了道路；也為一些
不幸如流星般英年早逝的年輕作家，留
下寶貴的生命印跡。例如頗具才情的青
年女作家羅淑，一九三六年九月在巴
金、靳以主編的《文季月刊》九月號發

羅淑

《文季月刊》

《生人妻》書影

表處女作〈生人妻〉，旋即引起文壇注目。一九三八年二月羅淑因產褥熱，以三十五歲青春年華不幸去世，留下一大堆殘稿。為了一點回憶和哀悼，為了讓「羅淑的作品活下去，她的影響長留，則她的生命就沒有滅亡，而且也永不會滅亡」[註10]，巴金不但編出了《生人妻》（「文學叢刊」第五集，1937 年 8 月出版），還懷著悲痛的心情把遺稿整理編輯，分別以《地上的一角》、《魚兒坳》為名，在「文學小叢刊」第一集和第二集出版。而年僅二十三歲，在貧寒與磨難中不幸溺水而死的鄭定文，他的友人王元化、丁景唐、魏紹昌等人為出版他的遺稿而奔走，巴金接受了遺稿，出了單行本《大姊》，收在「文學叢刊」第八集中。並寫下〈後記〉說：「我喜歡那些平凡的故事，那些瑣碎的情節，那種樸實的文筆，那種自然的抒寫，他在敘述自己的生活，訴說自己和四周的人，尤其是他四周的人的痛苦。」正因為巴金，他讓這些早逝的作家也能在文學史上留下一抹光彩。

《地上的一角》及《魚兒坳》書影

　　「『文化生活出版社』始建時純係『朋友試辦』，類似同人組織。這就意味著它不同於一般的商家、企業」（註11），基本上他們是一群文化人辦的出版社。擔任總編輯的巴金自不必說，任總經理的吳朗西是外國兒童文學的翻譯家，其他如陸蠡、麗尼是優秀的散文家，伍禪是《春琴抄》等的譯者，他們各人有各人的工作崗位，有他們固定的收入，因此他們搞出版不圖任何私利，不要任何回報，不領任何薪、定息或紅利。他們只想多出一些好作品，發現一些好作家，對新文學的發展與壯大，文化精血的積累與弘揚，在自己的崗位上作出自己一份努力，以讓文明的火種長燃不熄。這正如學者陳思和在《人格的發展—巴金傳》書中寫到當年訪問吳朗西先生的情景—「吳先生還患著帕金森氏症，說話的時候，嘴唇、手足都顫抖著。當我們之間的友誼和信任慢慢建立起來以後，一次筆者問起當年文生社同仁為什麼能以這樣崇高的理想來待事業，吳先生回答：那時，我們都信安那

晚年的吳朗西

巴金

其。說這話的時候，吳老浮腫的臉龐舒展開來，細長的雙眼也放出了光彩。筆者頓時就感受到一種人格力量彌漫在破舊的屋內。」陳思和強調這絕不是文學筆法，那間破舊的屋子正是當年「文化生活出版社」的舊址，在上海西區金陵路和長樂路之間的老式石庫門弄堂楊家弄裡（現在因造高架橋已經拆邊）。而當時他突然被啟悟：這正是安那其（案：無政府主義）的只講奉獻、不計報酬的人格原則，正是正義、互助、自我犧牲三大信條在一個普通人身上的具體體現。（註12）「文化生活出版社」成為這一群信奉安那其主義理想的知識分子，實現自己人生價值的一個園地，是他們奉獻自己、燃燒自己的一家出版社。

巴金晚年有過如此的回顧：「我在『文化生活出版社』工作了十四年，寫稿、看稿、編輯、校對，甚至補書，不是為了報酬，是因為人活著需要多做工作，需要發散、消耗自己的精力。我一生始終保持著這樣一個信念：生命的意義在於付出，在於給予，而不是在

於接受，也不是在於爭取。所以做補書的工作我也感到樂趣，能夠拿幾本新出的書送給朋友，獻給讀者，我以為是莫大的快樂。……我們工作，只是為了替我們國家、我們民族作一點文化積累的事情。這不是我自我吹噓，十幾年中間經過我的手送到印刷局去的幾百種書稿中，至少有一部分真實地反映了當時我國人民的生活。它們作為一個時代的記錄，作為一個民族發展文化、追求理想的奮鬥的文獻，是要存在下去的，是誰也抹煞不了的。這說明即使像我這樣不夠格的編輯，只要去掉私心，也可以做出好事。那麼即使終生默默無聞，堅守著編輯的崗位認真地工作，有一天也會看到個人生命的開花結果。」（註13）

是的，由於「文化生活出版社」的二十種叢刊，近四六〇本的出版品，為文學與文化提供了豐富而寶貴的資料。其中更凝聚了一種絕不浮躁的人文精神，一種薪盡火傳的人文傳統。而吳朗西與巴金等人有著「燃燒自己，照亮別人」的紅燭精神。他們播火者的形象，

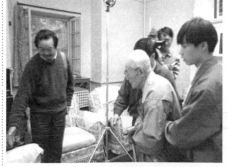

晚年的巴金接受《作家身影》劇組的採訪

更展示了知識分子生命價值的最佳綻放。

　　一九九二年二月二十日吳朗西病逝上海，享年八十八歲。二〇〇五年十月十七日巴金故去，享年一〇一歲。兩位文學的「播火者」，雖同享高壽，但他們的離去，還是令人懷念，但願「石在，火不熄」，文學能常青！

註1、8：司馬長風《中國新文學史》，香港昭明出版社，1980 年。

註2、3：吳朗西〈文化生活出版社〉，《新文學史料》，1982 年三期。

註4：黃源〈魯迅晚年最信任的出版家吳朗西〉，收《吳朗西先生紀念集》，上海文藝出版社，2000 年。

註5、6：吳朗西〈魯迅先生與文化生活出版社〉收《魯迅誕辰百年紀念集》，湖南人民出版社，1987 年 7 月。

註7：孫晶《文化生活出版社與現代文學》，廣西教育出版社，1999 年。

註9：陳思和〈作家余思牧和他的《作家巴金》〉，收《寫在子夜》，上海人民出版社，1996 年。

註10：巴金《序跋集》，花城出版社，1982 年。

註11：紀申《記巴金及其他一感想‧印象‧回憶》，寧夏人民出版社，1994 年。

註12：陳思和〈孫晶《文化生活出版社與現代文學》序〉，廣西教育出版社，1999 年。

註13：巴金〈上海文藝出版社三十年〉，《隨想錄》，三聯書店，1984 年。

第十章

迷茫與焦灼的漫遊者

——記「新感覺派」作家

在二〇年代末三〇年代初的上海，在反革命的白色恐怖和革命的低潮中，出現「革命文學」的高潮。當時這群以後期「創造社」和「太陽社」成員為代表所倡導的「革命文學」，可說是文學的主流。但就在他們對「拉普」文學理論的機械套用以及這些革命文學作家本身藝術修養不足，而造成標語口號化以及「革命浪漫諦克」等不良傾向後，其實它們已漸漸偏離了文學本身，這就讓另一批人渴望在創作上另闢蹊徑。而在半殖民地狀態下的上海，經濟的畸形繁榮，人與人間由於生存競爭而產生的虛偽與隔膜，爾虞我詐的荒誕感，成功與失敗的人生無常，又適逢其會地與日本「新感覺派」接上軌。

日本「新感覺派」是日本文藝評論家千葉龜雄給日本《文藝時代》雜誌周圍那批作家（橫光利一、川端康成、中河與一、片岡鐵兵等）起的名稱。一九二三年關東大地震後，作為日本政治、經濟、文化中心的東京，一夜

之間變成廢墟，全國處於恐慌不安之中。加上不久前爆發的嚴重的經濟危機，使得人們對社會感到悲觀絕望。這時西方貪圖享樂的風氣又接踵而至，衝擊著日本傳統的倫理觀和文化觀，社會的動盪，使人們看不到前途，喪失了理想，竭力追求剎那間的美感和官能上的享受，社會充滿了及時行樂的風氣。這時「新感覺派」的出現是力圖從形式上突破傳統文學，「站在小市民的立場上表現日本近代社會的崩潰」。以豐富的感受性，表現人們內心的苦悶情緒以及喪失現實性的不安，運用主觀感受，折射人與人的關係和人生價值。

日本「新感覺派」接受歐洲現代派文學的影響，川端康成就說：「表現主義的認識論，達達主義的思想表達方法，就是新感覺派表現的理論根據」。因此這些作家不願意單純描寫外部現實，而是強調直覺，強調主觀感受，力圖把主觀的感覺印象投進客體中去，以創造對事物的新的感受方法，創造所謂由智力構成的「新現實」，而與傳統的

劉吶鷗

寫實主義是相對立的。

中國「新感覺派」的稱謂是直接從日本移植過來的，在劉吶鷗、穆時英等的作品中，也能夠明顯地看到日本新感覺派的影響。但卻較偏重於文藝觀念和藝術技巧的借鑒，在內容和題材方面似乎法國作家保爾穆杭（Paul Morand）與美國作家約翰杜斯帕索斯（John Dos Pasos）的都市小說，對他們的影響來得較大。一九二六年，劉吶鷗在致戴望舒的一封信中說：「我們沒有Romance，沒有古城裡吹著號角的聲音，可是我們卻有Thrill，Carnal intoxication，這就是我說的近代主義，至於Thrill和Carnal intoxication，就是戰慄和肉的沉醉。」

這「戰慄和肉的沉醉」是波特萊爾等世紀末作家的重要主題，也是穆杭作品中極其鮮明的特徵。在穆杭的小說《夜開著》、《夜閉著》中，對於現代都會的描寫，那燦爛的色彩，那喧鬧著的聲響，那跳動的情焰，那撩撥性的肉欲所構成的「現代風景」，無疑地蠱惑著劉吶鷗等人。也因此當

穆時英

一九二八年穆杭來華時，劉吶鷗在《無軌列車》雜誌上為其開列專號，詳細介紹這位作家，並不無誇張地說：「他現在不但是法國文壇的寵兒，而且是萬人注目的一個世界新興藝術的先驅者。」而至於帕索斯的影響，據和穆時英相熟，也創作同類都市小說，並出版過《帝國的女兒》的作家黑嬰的回憶說：「我讀了幾頁手稿，發現《中國：一九三一》的寫作方法採取了美國作家約翰杜斯帕索斯的手法，把時代背景、人物故事、作家自己的見聞分別敘寫，表面看來各成章節，實際上互有關聯，組成一幅巨大的時代風雲畫卷。帕索斯有一部小說名為《一九一九年》，穆時英小說名為《中國：一九三一》，不無蛛絲馬跡可尋。可是，穆時英從事這樣的小說創作，畢竟力不從心，只寫了很少的部分就擱筆了。」這很少的部分，便於發表在一九三二年十一月出版的《現代》雜誌二卷一期的著名的〈上海的狐步舞——一個斷片〉。因此可說中國「新感覺派」在題材內容上完全不同於日本「新感覺派」。他們是真正用現代派方法表現現代都市的畸形與病態的第一支文學流派，他們為中國「都市文學」添上了絢爛的一筆。

在當時都市文化夢幻般的興起，幾乎使置身其中的人猝不及防，他們發現他們根本毫無準備，就進入了一個新時代和新的文化空間，這個新時代和新空間要求著新感覺，於是「新感覺派」就開始新感覺了。學者張新穎指出，其實追求和標榜「新」就是一種時間性焦慮的體現。在都市和人（特別是小說的敘述者）之間，都市是具有著無窮魔力的一個巨大主體，而人一直擔心被他所依附的巨大主體所拋棄。我們看穆時英的感覺：「人生是急行列車，而人並不是舒適地坐在車上眺望風景的假期旅客，卻是被強迫著去跟在車後，拚命地追趕列車的

職業旅行者。以一個有機的人和一座無機的蒸汽機關車競走，總有一天會跑得精疲力盡而頹然倒斃在路上的吧！我是去年突然地被扔到鐵軌上，一面回顧著從後面趕上來的，一小時五十公里的急行列車，一面用不熟練的腳步奔逃著的，在生命的底線上游移著的旅人。二十三年來的精神上的儲蓄猛地崩墜了下來，失去了一切概念，一切信仰；一切標準、規律、價值全模糊了起來；於是，像在彌留上的人的眼前似地，一想到『再過一秒鐘，我就會跌倒在鐵軌上，讓列車的鋼輪把自己碾成三段的吧』時，人間的歡樂，悲哀，煩惱，幻想，希望……全萬花筒似地聚散起來，搖搖起來。」他們被冷漠無常的外在世界追趕著而拚命奔逃，但在奔逃中又迷失了自己，他們深陷於焦灼與迷茫之中，無法自拔。最後走入徹底的頹廢與虛無。他們在擁擠不堪的人流中漫步「張望」，他們成了漫遊的文化探索者，痛苦地訴說「失落與離異」的情緒，充滿淒惶與蒼涼。

　　三○年代的《文壇史料》有一段穆時英「頂愛上舞場」的記載：「穆氏之對舞場，並不把它作為享樂的場所，反之，倒是他寫作的書齋，所以穆氏雖然常常上舞場，但他並不多跳，而且是躺在舞場的角落的桌子上，一枝鉛筆，和幾張碎紙片或小小的拍紙簿，古怪地寫著。」於是在〈上海的狐步舞〉我們看到：「蔚藍的黃昏籠罩著全場，一隻Saxophone正伸長了脖子，張著大嘴，嗚嗚地衝著他們嚷。當中那片光滑的地板上，飄動的裙子，飄動的袍角，精緻的鞋跟，鞋跟，鞋跟，鞋跟，鞋跟。蓬鬆的頭髮和男子的臉。男子的襯衫的白領和女子的笑臉。伸著的胳膊，翡翠墜子拖到肩上。整齊的圓桌的隊伍，椅子卻是零亂的。暗角上站著白衣侍者。酒味，香水味，火腿蛋

的氣味，煙味⋯⋯獨身者坐在角隅裏拿黑咖啡刺激著自家兒的神經。」除此而外，「新感覺派」的成員可說都是影迷，施蟄存回憶他和劉吶鷗、戴望舒時談到，他們每天晚飯後就「到北四川路一帶看電影，或跳舞。一般總是先看七點鐘一場的電影，看過電影，再進舞場，玩到半夜才回家」。而穆時英在大學生活中，「星期六便到上海來看朋友，那是男朋友，看了男朋友，便去找個女朋友偷偷地去看電影，吃飯，茶舞。」而劉吶鷗更熱心於電影藝術的研究，後來在和黃嘉謨合辦的《現代電影》雜誌上，發表了〈電影節奏論〉、〈開麥拉機構──位置角度機能論〉、〈影片藝術論〉等重要文章，之後還編寫電影劇本《永遠的微笑》（明星公司出品，吳村導演）、編導電影《初戀》（藝華）、《密電碼》（中電）。在當時電影裡的諸多技巧，為「新感覺派」的小說形式「革命」，提供了可資模仿的借鑑。

　　因此，劉吶鷗的〈A Lady to keep

戴望舒

you company〉被施蟄存稱為「小說型的短腳本」，還有葉靈鳳的〈流行性感冒〉、禾金的〈造型動力學〉等，都把小說寫成了分鏡頭腳本，直接以遠景、近景、特寫、字幕等等的電影表現的手段和想像結構小說，以電影化的影像系列，取代小說中對故事情節的敘述。穆時英的〈夜總會裡的五個人〉、〈上海的狐步舞〉等，也幾乎可以說是不標鏡頭的分鏡頭腳本。學者李今指出：「在這裡，作者的敘述大都為對每一畫面、場景的描寫所取代，敘述者的視點、情緒，已不再成為文本統一的來源，反而被中斷和打碎；以歷時性的情節或心理的發展變化為基礎的時間流，被不同時空的生活片斷的空間編織所代替。」，也因此它改變了中國小說敘述的模式。電影中短鏡頭的組合、疊印、突切、交叉剪輯等，都可以在劉吶鷗、穆時英的小說文本的省略文體、不連續句法、物象紛呈中，找到相對應的技巧。我們看〈上海的狐步舞〉，它所呈現的就是一種枝枝杈杈的立體結構，幾條線索在情節上平行發展：時而是三個穿黑綢長衫的人殺害了一個提著飯籃的人；時而是大富豪家裡的亂倫故事；時而是夜總會裡的燈紅酒綠；時而是飯站裡荒淫的肉的遊戲；時而又是窮家女被迫賣淫的場面……病態社會的光影，變成一系列的斷片，由蒙太奇組合在一起，傳達著作者內心的狂亂與焦灼。

另外意象的疊加，也是「新感覺派」慣用的手法。例如穆時英的〈Pierrot〉中：「街有著無數都市的風魔的眼：舞場的色情的眼，百貨公司的饕餮的蠅眼，『啤酒園』的樂天的醉眼，美容室的欺詐的俗眼，旅邸的親昵的蕩眼，教堂的偽善的法眼，電影院的奸滑的三角眼，飯店的朦朧的睡眼……桃色的眼、湖色的眼、青色的眼，眼的光

輪裡也展開了都市的風土畫：直立在暗角裡的賣淫女，在街心用鼠眼注視者每一個著窄袍的青年的，性慾錯亂狂的，棕櫚樹似的印度巡捕，逼緊了嗓子模仿著少女的聲音唱十八摸的，披散著一頭白髮的老丐……。」作者以宛如攝影機般地拍攝到夜上海各式人物的眼，透過蒙太奇的效果，組成了一個支離破碎的世界，而在這氛圍外又傳達了作者厭倦和煩亂的情緒。

　　而「新感覺派」為求「新」，他們發揮了驚世駭俗的藝術想像和怪異的修辭手法　，例如「嘟的吼了一聲，一道弧燈的光從水平線底下伸了出來。鐵軌隆隆地響著，鐵軌上的枕木像蜈蚣似地在光線裡向前爬去，電桿木顯了出來，馬上又隱沒在黑暗裡邊，一列『上海特別快』突著肚子，達達達，用著狐步舞的拍，含著顆夜明珠，龍似地跑了過去，繞著那條弧線……跑馬廳的屋頂上，風針上的金馬向著紅月亮撒開了四蹄。在那片大草地的四周泛濫著光的海，罪惡的海浪，慕爾堂浸在黑暗裏，跪著，在替這些下地獄的男女祈禱，大世界的塔尖拒絕了懺悔，驕傲地瞧著這位迂牧師，放射著一圈圈的燈光。」（〈上海的狐步舞〉）而在〈Pierrot〉中──「不知哪一間屋子裡的鋼琴上流轉著Minutin G，這中古味的舞曲的寂寞，掉到水面上去的落花似的旋律，彌漫著這小巷」。在這裡穆時英把「中古味的舞曲」帶給人聽覺的感受，轉化為「寂寞地掉到水面上去的落花」的視覺形象表達出來，將視覺、聽覺、現實中的感覺及被聯想到的記憶中的感覺結合起來，營造了一個精緻的富有韻味的藝術氛圍，也使這種「新」感覺，更富有指稱功能。

　　「新感覺派」可說是都市的漫遊者，他們借鑒電影藝術和其他現

代文學藝術，掌握了表述現代空間經驗
（局部片斷）和時間經驗（快節奏）的技
巧。但劉吶鷗、穆時英等只淺嘗輒止於
從外部的視點捕捉某些五光十色的社會
現象的斷片，也許他們在某些場景畫面
的描寫呈現新感覺的力道，但就整體而
言，他們的小說缺乏語言文字特有的分
析力、內涵力和理性的力量，造成「深
度感覺底減少」。儘管如此，他們對文
體形式的探求、題材內容的開創，畢竟
展現了一條新的道路。雖然他們是孤獨
的，如同他們筆下的水手，「老是這麼
的從這口岸到那口岸，讓風吹著領子，
擺著大褲管，夜遊神似地，獨自個兒在
夜的都市裡踱著……」。但歷史並沒有
忘記這群迷茫、焦灼的都市漫遊者的名
字。

就如同曾一度被遺忘的「新感覺
派」的另一成員郭建英，也在二十一
世紀初，再度為上海史料家陳子善先
生所發掘，並出版他的畫集《摩登上
海——三十年代洋場百景》一書。陳子
善認為「他曾領三十年代上海文壇風

《摩登上海》書影

《婦人畫報》

郭建英的漫畫

騷、畫苑春色，雖然前後不過短短五、六年光景，但他的文，特別是他的畫，著實為三十年代上海都市文化史增添了濃重的一筆。」根據資料我們知道郭建英在一九二九年九月，當劉吶鷗與施蟄存、戴望舒等人聯手創辦《新文藝》月刊時，他就積極加盟。他以本名及筆名「迷雲」發表的著譯，就有〈梅毒藝術家〉、〈煙草藝術家〉、〈藝術的貧困〉、〈現代人底娛樂姿態〉等六、七篇之多，另外他還翻譯過普列漢諾夫的《無產階級運動與資產階級藝術》。而在後來由施蟄存主編的《現代》雜誌中，郭建英也曾寫過〈巴爾扎克的戀愛〉。他還出版過極短篇小說集《手套與乳罩》及《建英漫畫集》（上海良友出版）。同時他又接編《婦人畫報》，在近兩年中，他又寫又譯又畫，他為劉吶鷗、黑嬰、徐遲、鷗外鷗的作品作插圖，他成為三〇年代在上海為文學作品畫插圖，最具個性的漫畫家之一。陳子善先生甚至說郭建英堪稱獨一無二的運用畫筆的「新感覺派」。「無論在郭建

英之前還是之後，很少有人像他這樣用畫筆集中描寫上海這個國際現代化大都市的流行和時尚、夢幻和刺激，說他是三十年代上海都市魅力的忠實記錄者，大概是恰當的。」是他們這群迷茫與焦灼的都市漫遊者，因緣際會地以他們的文字、影像、繪畫忠實地記錄，這個城市的社會與文化，當然更重要的是，他們開啟了「都市文學」的窗口。

第十一章

愛欲與怪誕

——施蟄存的新感覺世界

五四運動前後，奧地利精神分析學家佛洛伊德的關於無意識、性壓抑、釋夢等理論，陸續被引進中國文壇，對許多作家都產生過不同程度的影響，而運用其觀點比較自覺，比較嚴格，創作比較集中，成果也比較突出的，則首推施蟄存。從小就有「妄想癖」，無疑地使施蟄存對佛洛伊德的理論有著一種接受上的「內在需要和迎求」。因此在三〇年代當樓適夷把他歸到「新感覺派」時，他並不同意，他認為，「這是不十分確實的。我雖然不明白西洋或日本的新感覺主義是什麼樣的東西，但我知道我的小說不過是應用了一些Freudism的心理小說而已。」雖然這是施蟄存迫於當時的形勢，不得不如此說，並非實情；但他對於佛洛伊德的鍾愛是不言可喻的。半個世紀之後，他又重申自己的「大多數小說都偏於心理分析，受Freud和H. Ellis的影響為多。」

然而把心理分析融入文學創作，最直接

的影響則來自同為奧地利的心理分析家、劇作家兼小說家的施尼茨勒（A. Schnitzler）。施蟄存認為施尼茨勒是「首先受到心理分析學家佛洛伊德的影響的一個作家，所以他的作品中常常特別注意心理分析的描寫……後來英國作家詹姆斯・喬伊斯著《尤里西斯》應用此種文體，成為一代傑作，不能不說是從施尼茨勒的作品中獲得的啟示。」施蟄存曾用十幾年的時間翻譯施尼茨勒的作品，他先後翻譯了《多情的寡婦》（後改為《蓓爾達・迦蘭夫人》原書名的直譯）、《毗亞特麗思》、《愛爾蘭小姐》，合編為《婦心三部曲》。而施尼茨勒最早的內心獨白小說《中尉哥斯脫爾》也由施蟄存改題為《生死戀》在一九三一年《東方雜誌》第二十八卷七、八期上連載，後又以《自殺之前》為書名出版。而《薄命的戴麗莎》則在一九三七年抗戰開始時由中華書局印行。另外還有《維也納牧歌》、《喀桑諾伐之回家》及《狂想曲》三種譯本則因抗戰毀於兵燹，而未能出版。

晚年的施蟄存

在翻譯這些小説的同時，施蟄存「還努力將心理分析移植到自己的作品中去」。於是他創作了《將軍底頭》這個短篇小説集，作者在〈自序〉中説：「〈鳩摩羅什〉是寫道和愛的衝突，〈將軍底頭〉卻寫種族和愛的衝突了。至於〈石秀〉一篇，我只是用力在描寫一種性欲心裡，而最後的〈阿襤公主〉，其目的只簡單地在乎把一個美麗的故事復活在我們眼前。」在這四篇小説中，其實施蟄存都應用了佛洛伊德的「力比多」（Libido）心理分析。佛洛伊德在早期幾乎把人的一切行為動機都歸結為性本能的衝動，「一個人從出生到衰老，一切行為無不帶有性慾的色彩，或無不植基於性本能的支配。」他説：「力比多和飢餓相同，是一種力量，本能——這裡是性的本能，飢餓則為營養本能——即借這個力量完成其目的。」「力比多」在大多數情況下，要受到以「超自我」為代表的道德文化的限制和壓抑，而不能通過正常的渠道自由地發洩，這就不可避免地要導致「力比多」的暴亂，而施蟄存更藉這暴亂來消解「歷史對象的光環」。

在施蟄存的筆下，鳩羅摩什經過十餘年的潛修，早已「是一個虔誠的佛教徒」了，「一切經典的妙諦他已經都參透了」，卻也擺脱不了性慾的誘惑，取了龜茲王女的表妹為妻。於是，這位大智羅什也始終陷在「二重人格底衝突的苦楚」之中，「兩種相反的企念」始終在折磨著他，「一種是如從前剃度的時候一樣的嚴肅想把自己修成正果，一種是想如凡人似地愛他底妻子。」就在他攜妻赴秦的途中，妻忽得熱病死去，他以為從此可以擺脱「一切的人間世的牽引，一切的魔難、一切的誘惑」，重新回到「一塵不染，五蘊皆空的境地」。沒想到，到了長安，看見美麗的妓女，他又被「魔難引著了」，陷到情

慾之中不能自拔。故事中鳩羅摩什的
「舌頭」一直是貫穿小說始終的意象，
在他妻子去世時，是「含住了他的舌
頭，她兩眼閉攏來了」；而後來他遇見
長安名妓後，妓女和妻的影像重疊在一
起，「在他眼前行動著，對他笑著，頭
上的玉蟬在風中顫動，她漸漸地從壇下
走進來，走上了講壇，坐在他懷裡，做
著放浪的姿態。並且還摟抱了他，將他
的舌頭吮在嘴裡，如同臨終的時候一
樣」；而後來他要證明他可以葷食娶
妻，每夜宿妓而仍能修成正果而吞針
時，「一陣慾念升了上來，那隻針便刺
著舌頭上再也吞不下去了」，而最後鳩
羅摩什火葬的時候，「他的屍體是和
凡人一樣地枯爛了，只留著沒有焦朽
的舌頭，替代了舍利子，留給他的信
徒」。舌頭既象徵著「性」，也象徵著
「食」。

在〈將軍底頭〉中，施蟄存也很出
色地描寫「力比多」的「凶猛」。當花
將軍第一次看見那個漢族少女的時候，
便「驟然感覺了一次細胞底震動」，那

施蟄存早年作品之一

「少女底天真的容顏，她底深而大的眼，純黑的頭髮，整齊的牙齒，凝白的肌膚」，「使將軍每一眼都不禁心跳」，很快，他就「全身浸入似地被魅惑著了」，「將軍底剛毅的意志」，也不知「都消逝到哪裡去了？」他幾乎無能為力的聽從這「初戀的心」的任意擺佈。有時，他陷進了魔魔和幻影之中，恍惚覺得「自己底手在撫摸那少女的肌膚，自己底嘴唇正壓在少女底臉上，而自己所突然感到的熱氣，也就是從這個少女底裸著的肉體上傳過來的……」，有時，他又下意識七次在少女的柵門外徘徊著，以致「抑制不住了他底熱情」而不顧一切地表白自己的愛戀的心，因為將軍曾用刑罰處置了一個企圖玷污少女的士兵，於是「迷惘於愛戀的將軍」忠貞地表示：「受了自己底刑罰的花驚定，即使砍去了肖級，也一定還要來纏擾著姑娘」。最後到了戰場上，為愛欲所主宰的將軍「已完全忘記種族的觀念」，「忘記了從前的武勇的名譽，忘記了自己的紀律，甚至忘記了現在正在進行戰爭」；甚至被叶蕃將領砍掉了頭的將軍還不肯死掉，「滿身是血」的「沒有了頭的花將軍」，依舊沿著溪水來到了他「所繫念的少女」的身邊。而少女給予他的「漠然的調侃態度」，使他「突然感到一陣空虛」，「隨即就倒了下來」，而「這時候，將軍手裡的吐蕃人的頭露出了笑容。同時，在遠處，倒在地下的吐蕃人手裡捉著的將軍的頭，卻流著眼淚了。」

　　學者李歐梵指出，在這個「神秘而現實」的結尾裏，施蟄存非常簡練地把故事的幾個中心主題並置於一處：性，身份，愛欲和死。故事裡的每一個動作都是意味深長的，都帶著飄忽的性意味。他讓那個藏人將軍砍掉了主人公的頭——他另一個自我對他自身的懲罰形式——

使得將軍只剩下了自己的身體。而他那直立的身體，象徵著僅僅被性慾支撐著的生理欲望，就因而成為了超現實的陽具象徵，他騎馬大膽的馳騁找他的欲望對象。沒有比這更生動的對男性「力比多」的生理描述了！將軍的頭被砍掉還可以解讀成是一種閹割，而在此佛洛伊德式的涵義就更豐富了。

施蟄存的〈石秀〉，徹底摒棄了《水滸傳》中情節結構的型態，而著重於石秀自我內心深處的心理衝突，及友誼與色慾的矛盾。當石秀借宿在朋友楊雄家，初見楊雄之妻潘巧雲，不禁被那副「裊裊婷婷的姿態」、「當胸一片乳白的肌膚」而攪得失了神，躺在床上細細回味，想著自己的俊俏風流，不免嫉妒起楊雄這個黃皮胖大漢，卻摟著這麼個「國色天香的賽西施」，「正是天下最不平的事情」。他又看見潘的美腳，心思越發蕩漾，他「明知這欲望是可卑的，是含著劇毒的一盞鴆酒，又擺脫不了它的色澤與醇郁的魅惑」。當兩個人言語相挑、好事將成時，他忽然看見楊雄的頭巾（作者以此表現超我和道德的力量與壓抑），於是在石秀心裡，「愛欲的苦悶和烈焰所織成的魔網」就「全部毀滅了」。他強抑著衝動，離開了這位美婦人。以後，當他發現了潘巧雲與和尚裴如海的姦情時，受侮辱的懊喪與失戀的悲哀，使他不能自己，這時被壓抑的「力比多」終於因扭曲而走向變態。施蟄存在此揭示了那被壓抑的欲望通過嗜血的性虐待而得到釋放，因此最後楊雄的殺妻，正是石秀欲望的頂點。當楊雄把這個女人一刀刀宰割，石秀從這鮮血淋漓中感到一陣「滿足的愉快」，「每一個肢體都是極美麗的」，「如果這些肢體合併攏來，能夠再成為一個活著的女人，我是會不顧著楊雄而抱持著她的呢。」這是施蟄存心理分析小說

中最驚人、最具病態心理深度的一篇。

　　李歐梵又指出，愛倫·坡、奧雷維爾、弗雷澤、安德魯·朗和麥克里奧都是施蟄存深愛的作家。而由於這些作家的作品，使得施蟄存對於魔法、巫術，召亡靈和妖法等產生了濃厚的興趣。而〈魔道〉便是施蟄存第一篇把他讀過的這些小說「召集」起來「幫助他偵察」的小說文本。〈魔道〉中主人公的夢魘意識集中表現為幻覺的自由跳躍，雜亂堆積及荒誕恐怖。在主人公面前先後出現了三個女人，第一位是火車車廂裡對面座位上的老婦人。老婦人「傴僂著背，臉上打著許多邪氣的皺紋，鼻子低陷著，嘴唇永遠歪捩著，打著顫震……」，主人公想到．在陵墓的窟穴裡，朱紅漆的棺材，黃金的鏈吊著，裡面躺著緊裹著白綢的木乃伊，——「橫陳的白，四周的紅，垂直的金黃，這真是個璀璨的魔網。」更令人戰慄的是，這魔網寸步不離地籠罩著他，追隨著他，使他無法擺脫，甚至掙扎也無用。當他站在朋友陳君的客廳裡凝視著窗外的竹林時，依舊看見那個穿黑色衣裙的老婦人的影子在晃動；當他來到綠水的古潭邊洗濯的村女是那麼的可愛，然而她母親在竹林中晃動的身影，還是那妖怪的老婦人。第二位出現在他面前的女人是朋友陳君的夫人，「她有纖小的朱唇和永遠微笑著的眼睛」，有「緊束著幻白色的輕綢的纖細胴體，袒露著手臂，和剖得很低的領圈……。」是那麼美艷，和醜陋的老婦人有著天壤之別，然而主人公仍然感到她的每個動作都是可疑的，甚至斷定：「她一定像小說中妖狐假借妲己的軀殼似地被那個老妖婦佔有了。」第三位出現的女子是上海咖啡店裡的女招待，當主人公已經勾住了她的脖子要親吻她的時候，他忽然感到她或許就是那古墓裡王妃的木乃伊，或者

是那個老妖婦的化身。當他恐懼地逃回寓所，侍役送來了他的三歲的女兒死了的電報，他更感到毛骨悚然，因為他看到對街碧色的煤氣燈下，一個穿黑衣裳的老婦人孤獨地踅進小巷裡去。

〈夜叉〉是〈魔道〉的姊妹篇，以第一人稱倒敘手法，告訴我們一個因意外而精神失常的青年誤殺一位等待約會的白衣啞女的故事。施蟄存說：「有一天，在從松江到上海的火車上，偶然探首出車窗外，看到後面一節列車中，有一個女人的頭伸出著，她迎著風，張著嘴，儼然像一個正在被扼死的女人。這使我忽然在種種地聯想中構成了一個plot，這就是〈夜叉〉。」於是他設計讓他的男主人公坐船到一個古庵附近時，有另一艘船駛過，而他瞥見了那船上有個渾身白色的女子。因此他就被蠱惑了，誤認她為「夜叉」──佛教裏流傳的那種可以像巫婆一樣飛翔的魔鬼──並在月夜追蹤她直到一個墓地，他明白即使會因此而付出生命的代價，自己恐怕也會「不禁以手撫摸她的肩膀罷」，去品嚐那種「怪奇的趣味」，「我要從一種不自然的事宜中尋找出自然的美艷來。我真的完全拋撇了理智。我戀愛這永遠在前面以婀娜的步姿誘引我的美麗的夜叉了」。於是他想和美麗的夜叉做愛，然而卻又扼死了她，卻發現她只不過是一個天真的啞女。〈夜叉〉雖然寫人物複雜的性變態心理，但卻著力渲染那種恐怖氣氛，有意製造懸念，但顯得有些故弄玄虛，明顯受愛倫·坡小說的影響。

而〈凶宅〉所記敘的是上海一座別墅裡所發生的兇殺案，在一年之內有三個女人自縊而死。故事寫道，佛拉進司基在一次散步時，偶然發現坐在露台上的妻身後彷彿有條繩索，「完全像個自縊的女人」，以後每天在房間裡撿到「一條繩」，半個月後他的妻便自縊

了。接下來租住在這裡的音樂大師的太
太伊里莎，又突然吊死在門背後，繼而
住進這裡的詹姆士的妻子又吊死在浴室
裡。莫非這「凶宅」真的有「鬼」，作
者在此刻製造了令人不寒而慄的恐怖氣
氛。然而接下去用佛拉進司基的日記和
詹姆士的供詞，來揭示事實的真相時，
施蟄存以過多的篇幅來講述謀殺案的過
程，驅散了罩在〈凶宅〉上空的符咒及
小說最初的懸念，因而落入西洋偵探小
說的窠臼。因此它成為施蟄存寫作系列
「幻想小說」的終結。施蟄存說：「讀
者或許也會看得出我從〈魔道〉寫到
〈凶宅〉，實在是已經寫到魔道裡去
了。」這其中雖然有來自左翼排山倒海
的批評，但也有著「走火入魔」的侷
限。

　　晚年的施蟄存曾說：「……一九三
〇年代，西歐文學，正在通行心理分
析，內心獨白，和三個『克』：Erotic，
Exotic，Grotesque（色情的，異國情調的，
怪奇的），我也大受影響，寫出了各式
仿製品。」對於西方中世紀的羅曼史和

晚年的施蟄存

施蟄存著作之一

中國古典傳奇相當熟悉，而且頗為欣賞的施蟄存，其實是著力從這些故事中發揮現代的想像，尤其是性變態心理的想像，達到「愛欲與怪誕」的效果。而他當時既不滿足於左翼寫實小說的技巧，也不贊成藝術至上的唯美主義，於是他以一種疏離於當時文學主潮的的先鋒性──「新感覺」的視角，對二〇年代奧地利心理分析小說如施尼茨勒的小說，進行了廣泛的涉獵，並從中找到了全新的藝術參照對象；然後又從佛洛伊德和英國性心理學家葛理斯那裡，獲得了一種眼識，並將這些舶來品中國化，他成功地創造了一系列具有獨特風格的東方「心理分析」小說。他描寫主人公的激情、騷動、欲望以及令人驚嘆的美與醜、愛與死亡的混合和矛盾的衝突，成為他小說創作的母題、他才思湧動的熱力。

學者李歐梵先生是海外學者中最早接觸所謂「新感覺派」的研究者，他在一九八七年寫了〈中國現代小說的先驅者〉一文，對施蟄存、穆時英、

《現代》雜誌

劉吶鷗的作品有過評介（該文後來收錄在一九八八年出版由李歐梵編選的《新感覺派小說選》一書的導言）。而他編選的《新感覺派小說選》（案：二○○一年重新出版時，更名為《上海的狐步舞──新感覺派小說選》），更收錄了施蟄存的〈將軍底頭〉、〈石秀〉、〈魔道〉、〈在巴黎大戲院〉、〈梅雨之夕〉、〈春陽〉、〈獅子座流星〉、〈霧〉等小說，穆時英的〈上海的狐步舞──一個斷片〉、〈駱駝·尼采主義者與女人〉、〈白金的女體塑像〉、〈第二戀〉、〈Pierrot〉、〈夜總會裡的五個人〉等小說，劉吶鷗的〈熱情之骨〉、〈遊戲〉，〈兩個時間的不感症者〉等小說。而由於對「現代主義」的偏好，使得李歐梵更加偏愛施蟄存，他曾多次親訪施蟄存先生於上海，並由此獲得極具見地的論點，例如他發表在保爾·A·科恩與默爾·戈德曼合編的《中國思想研究論文集》（哈佛大學出版社）的〈探索『現代』──施蟄存及《現代》雜誌的文學實踐〉一文（案：

《上海摩登》書影

據沈瑋、朱妍紅之譯文）中，就說道：「施蟄存最近在一次探訪中告訴我，他的小說包括兩個循環出現的主題——性慾和志怪，這是大多數中國作家所不關注的。雖然他對中國歷史小說有著極大的興趣，但他的靈感主要來源於西方，從佛洛伊德、靄理士（《性心理學》）、施尼茨勒、喬伊斯、葉茲、勞倫斯、坡到道勒威萊、薩特、德昆西（《吸鴉片者的自白》）、安德魯・朗（《她》）、弗雷澤（《金枝》）以及諸如勒法紐和麥克勞德等無名作者。這些作品使他獲得了許多關於『彼世』的知識：不僅有關夢想、幻覺、性慾、無意識、施虐、時髦、物神崇拜，而且還包括巫術、魔法和凱爾特神話。這些怪誕雜燴中的一部分已被融入施的歷史小說，而且將它們與現實聯繫起來。」除此而外，李歐梵先生完稿於一九九七年，後在一九九九年出版的英文論著《SHANGHAI MODERN － The Flowering of a new Urban Culture in China，1930~1945》（案：中文版名為《上海摩登：一種新都市文化在中國，1930~1945》，由毛尖譯，二〇〇〇年由香港牛津大學出版社出版），在第二部分——現代文學的想像：作家和文本，寫了〈色・幻・魔——施蟄存的實驗小說〉一章，見解精闢而獨到地論述了施蟄存的創作小說，可說是截至目前為止對施蟄存的研究，最具深度的論文。「新感覺派」在三〇年代宛如流星般地劃過了上海的文學天空，它在當時的文壇，甚至半個多世紀的今天，似乎沒有引起太多的騷動，但無可諱言地，是他們開啟了「都市文學」的窗口，甚至連較為晚出的「海派」集大成的─張愛玲，都曾藉著這個窗口眺望著十里洋場，因此《上海的狐步舞》，舞出了施蟄存、穆時英、劉吶鷗的上海「新感覺」，就有其特殊的意義了。

第十二章

為中國戲劇拼盡一生的余上沅

著名的劇作家吳祖光這麼形容余上沅的，他說：「上沅先生是最早把西方戲劇介紹並移植到中國的重要人物之一，對中國現代話劇的建立和壯大有不容抹煞的功績。二〇年代，他和一些著名的文學家和藝術家提倡『國劇運動』，在當時是起了很大影響的。一九二七年出版的一本《國劇運動》論文集，余上沅在序言中說：『中國人對於戲劇，根本上就要由中國人用中國材料去演給中國人看的中國戲。這樣的戲劇，我們名之曰國劇』。這是將近六十年前老一輩戲劇家為新興的話劇下的註解，也就是今天我們說的話劇民族化。」只是當時余上沅提出建立民族戲劇的論調，並不得人們的理解，甚至受到誤解與曲解。今天相對於大多數意氣用事的浮泛批評而言，他們的戲劇見解更帶有學理性，也更有歷史的啟發意義。

余上沅，湖北沙市人，一八九七年生。家室清寒，父親為布店店員。七歲在鄰塾附

讀啟蒙，十三歲入余鴻昌布店為學徒。一九一二年到武昌文華學院讀書，從中學直到大學二年級，苦讀了八年。他熱情投身到五四運動之中，曾作為武漢學生代表出席全國學生聯合會會議。後經陳獨秀介紹，與胡適取得聯繫，於一九二〇年轉學到北京大學英文系。一九二二年畢業後，以同鄉王芳荃先生（時任清華大學教務處註冊組）之介，進入清華教務處為職員。當時在清華就讀的梁實秋說，我們辦的《清華周刊》偶有〈文藝增刊〉，上沅也曾惠賜過稿件。

吳祖光與夫人新鳳霞

　　一九二三年余上沅赴美國留學，先入匹茲堡卡內基大學戲劇系攻讀，後又轉到紐約的哥倫比亞大學攻讀戲劇學研究生。當時同在美國求學的梁實秋說：「上沅在美國這一年博覽了古典與現代的戲劇文學。但是獲益最多的尚不在此，他在這大都市的劇院看了無數的名劇之精彩演出。」又說：「上沅在紐約還有一項重大收穫，他結交了一批志同道合的朋友，張嘉鑄（禹九）、趙畸

余上沅

（太侔）、聞一多、熊佛西等，他們都
是愛好戲劇的，後來他們曾經合作推動
一個戲劇運動。」

　　一九二五年夏，余上沅因為國內
資助來源斷絕，於是偕同趙太侔、聞一
多返國，結束留美兩年的生活。回國
後，他們在北京正好遇到劉百昭主辦
「藝專」（國立北京藝術專科學校），由
於徐志摩的奔走，他們三位都被羅致在
藝專，並且創辦了一個戲劇系，這是余
上沅走上戲劇運動的第一步。他們還希
望能有一個「小劇院」來作實驗，但顯
然地他們的理想與希望是落空了。同年
十月，徐志摩應陳博生之邀，接編北京
《晨報副刊》，徐志摩特別給他們開闢
了一個「劇刊」，於次年六月創刊。撰
稿人有余上沅、趙太侔、聞一多、張禹
九、鄧以蟄、徐志摩、顧頡剛諸人。至
九月，「劇刊」出至第十五期宣告停
刊，徐志摩在〈劇刊終期〉文中說：
「『劇刊』初起的成功全靠張君嘉鑄的
熱心，……上沅的功勞是不容淹沒的，
這幾十期『劇刊』的編輯苦工，幾乎是

余上沅

《晨報副刊》的〈劇刊〉

他獨扛著的。」一九二七年九月，余上沅從十五期「劇刊」中擷取二十九篇戲劇論文，結集為《國劇運動》，並為之作序，由夫人陳衡粹畫封面，交由上海新月書店出版。其中余上沅的文章就達七篇之多。

余上沅對於中國傳統戲劇具有深厚的修養與精湛的研究。同時作為中國現代戲劇史上最早接受西方戲劇教育和專門訓練者，他又於西方戲劇理論頗有所得。他的戲劇觀深受美國的布蘭德・馬修斯（Brander Matthews）教授、愛爾蘭復興運動和德國戲劇改革家萊因哈特（Max Reinhardt）與英國戲劇家戈登克雷（Edward Gordon Craig）的影響。現代愛爾蘭戲劇在世界劇壇的崛起使余上沅備受啟發，「愛爾蘭演愛爾蘭人作的愛爾蘭的戲劇」，成了他建立中國的「國劇」的根源。他的國劇理論有三大部份：（一）主張戲劇首先必須是藝術，戲劇應該藝術地表現社會人生；（二）強調戲劇是綜合性的舞台藝術，是一個系統工程；（三）提倡「國劇」，倡導

《國劇運動》書影

戲劇的民族化，號召建立「由中國人用中國材料去演給中國人看的中國戲」。

　　另外余上沅並對中國舊劇的表演藝術，提出他的看法，他認為中國舊劇的表演是具有虛擬性的；演員既是扮演者，同時又是角色。他在〈舊劇評價〉文中說：「在中國舞台上，不但騎馬如此，一切動作，無不經過藝術化，叫它超過平庸的日常生活，超過自然。到了妙處，這不能叫做動作，應該叫做舞蹈，叫做純粹的藝術。」他認為中國舊劇是「一個完整的藝術」，即集「樂、歌、舞，打成一片」的「聯合藝術」，它給人以全面視聽美感。同時，「樂、歌、舞」也不是寫實的，因此，它不再需求其他藝術的幫助，「如果你勉強要用布景等等大幫助它，一不小心，馬上便足以破壞它的好處」。對於舊劇的臉譜，余上沅說：「臉譜這個東西，起初是要符合節奏的原理，和非寫實的精神；忠奸善惡，全是後人的附會牽強；我們應該把它當純粹圖案看，本來它即是純粹圖案。」而談到服裝的顏色和線條，他說：「又不能不去比較的研究中國的畫像。它顏色的簡單鮮明，它線條的超脫大方，叫它在不著色彩的背景前面舞蹈起來，越顯得可以動人。」

　　余上沅是不贊成中國戲劇走上模仿西洋戲劇的道路的。他認為「寫實是西洋人已開墾過的田，儘可以讓西洋人去耕耘；象徵是擺在我們面前的一塊荒蕪的田，似乎應該我們自己就近開墾。怕開墾比耕耘難的當然容易走上寫實，但是不捨自己的田地，也是我們當仁不能相讓的吧，所以我每每主張建設中國新劇，不能不從整理並利用舊劇入手。我們不但不反對西洋戲劇，並且以為盡畢生之力去研究它也是

值得的。但是，我以為，一定要把舊劇打入冷宮，把西洋戲劇用花馬車拉進來，又是何苦。中國戲劇同西洋戲劇並非水火不能相容，寬大的劇場裡歡迎象徵，也歡迎寫實——只要它是好的，有相當的價值。在沒有斷定某種的絕對價值以前，應該都有予以實驗的機會。」

學者宋寶珍指出，余上沅在中國戲劇的發展途徑問題上，既有寬容的思路，但也有其側重的方面，其指向在於如何借鑒中國戲劇的藝術精神，發展寫意派的戲劇藝術，那是他所希望的中國戲劇的發展道路。

一九二六年秋，余上沅到南京東南大學任教，同年冬又返回北京與女師大中文系的陳衡粹（案：女作家、學者陳衡哲的妹妹）完婚。次年再南下到上海，與胡適、邵洵美、徐志摩、梁實秋、饒孟侃等辦「新月書店」。余上沅任書店經理兼編輯，同時還兼暨南大學、光華大學教授。此時他除了出版他編著的《國劇運動》一書外，還出版《戲劇論集》。一九二八年則發表了〈最年青的

余上沅全家福

《戲劇論集》書影

戲劇〉、〈易卜生的藝術〉、〈卞昆岡序〉及四幕話劇《塑像》。

　　一九二八年九月，余上沅攜眷回北京，就職於中華教育文化基金會，擔任該會秘書，同時兼任北京大學教授。又與趙元任、丁西林、熊佛西等組織業餘「小劇院」，致力於小劇院運動，堅持了三年多，慘淡經營，借著協和醫院禮堂等場所作公開演出。他們演出了《偽君子》、《壓迫》、《秦公使的身份》、《一隻馬蜂》、《求婚》（丁西林）、《兵變》（余上沅）、《最後五分鐘》、《茶花女》（小仲馬）等。形式風格令人耳目一新，戲票一搶而空，著名的表演藝術家白楊（當時名楊君莉），就是從「小劇院」出來的。

　　一九三五年初，梅蘭芳劇團訪問蘇聯，時任美國芝加哥大學教授的張彭春為該訪問團之總導演兼總顧問，而余上沅則以導演和藝術顧問參加，在訪問期間，他與張彭春一起向初次見識中國戲曲的外國同行們，包括大名鼎鼎的斯坦尼斯拉夫斯基、丹欽科、愛森斯坦、梅

梅蘭芳訪問蘇聯情景

耶荷、布萊希特，以比較中西方戲劇的方法，結合梅蘭芳劇團演出的劇目《貴妃醉酒》、《費貞娥刺虎》、《打魚殺家》、《虹霓關》、《宇宙鋒》，介紹中國戲曲的藝術特徵。

　　一九三五年七月，正在海外隨梅蘭芳考察的余上沅，接到國民政府教育部長王世杰自南京拍來的電報：以聘他為新成立的國立戲劇學校（一九四○年升格為國立戲劇專科學校）校務委員兼校長。八月，余上沅返滬後，即直赴南京，全力籌建學校，從選定校址，制訂章程，到聘請教職員，組織戲劇專家，在京、滬、寧、漢四地招考學生，余上沅付出全部的心力。夫人陳衡粹說：「余上沅主持劇專十四年，除本人講課、導演外，這個期間著述不多，主要精力用在辦學上，為培養戲劇人才，發展戲劇事業竭盡全力。」余上沅推崇恩師蔡元培的「兼容並包」的教育方針，十四年間他先後羅致了一大批不同流派、不同色彩，又具有真才實學的專家、學者：如戲劇家田漢、洪深、梅蘭芳、程硯秋、王家齊、焦菊隱、張駿祥、陳子展、馬彥祥、陳白塵、黃佐臨、應雲衛、楊村彬、曹禺等；文學家方令孺、葉聖陶、梁實秋、章靳以、吳梅、戈寶權、宗白華、饒孟侃等。還有其他方面的著名學者，如趙元任、孫本文、潘光旦、徐悲鴻、盧冀野、黃芝崗、章益、楊憲益、儲安平等等。或受聘任教，或客座傳藝於劇校。

　　曾在這所當時「戲劇的最高學府」任教六年，並且擔任過教務主任的曹禺，在半個世紀後憶及當年的情景，「心潮仍為之澎湃。」他說：「校長余上沅先生學術思想較開明，延聘了一批進步教師，師資陣容堪稱第一流，且能各展所長，校長不加干預，使教學質量得以保證，學生從而受益匪淺。」而曾是劇校的學生李乃忱則回憶說：「所

有剛入校的低年級同學，都要給高年級
同學當配角、做群眾，而所有學生（也
不分將來的專業是幹什麼）都要在學校的
演出中，由老師帶著，從舞台工作和前
台工作做起（前台工作包括票務、宣傳、
場務、招待）。在舞台上，不論是男同
學是女同學，開始都背工作袋，參加換
布景、搬道具，有的參加做服裝。那時
管化妝的，還要做油彩，做膠水，用毛
線撕鬍了。管燈光的，要垮著十幾斤重
的聚光燈，爬那種巍巍發顫的竹梯，裝
裝拆拆。……這種和諧整體的形成，實
際上也是一種沒有上課形成的思想和行
動結合的鍛鍊。」

劇作家曹禺

　　劇校的另一特點，是經常結合教
學進行演出。五十多年後，梁實秋就回
憶當年劇校第一屆畢業公演的情景，仍
記憶猶新。他說：「第一屆於二十六年
（1937）畢業，公演上沅導演的《威尼
斯商人》，我應邀專往南京觀賞。……
《威尼斯商人》演出甚為成功，所用劇
本是我的翻譯，由上沅大筆刪汰，莎劇
上演於現代舞台，自有削減場數，刪除

冗調之必要。扮演夏洛克及波希亞（葉仲寅小姐）者都給我以深刻的印象，事前上沅要我向演員致詞，我便舉哈姆雷特對演員的勸告以對，『在人生面前豎起一面鏡子』。」這次演出非常成功，參加演出的畢業生葉仲寅、陳健、凌子風、冼群、蔡松齡等，後來都成為影劇界的中堅人物。

解放後，余上沅受聘於滬江大學任中文系教授，一九五二年院系調整，他轉至復旦大學中文系任教授，教中國現代文學史課程。業餘仍關心戲劇活動，曾為學生的業餘劇團導演過《阿Q正傳》等。一九五五年因「揚帆案」受到株連（案：揚帆為余上沅在北大時的學生——石蘊華，曾在劇校任職），被囚禁達二十二個月，後由陳衡粹寫信給周恩來總理，才於一九五七年春釋放。一九五九年經組織同意調到上海戲劇學院戲劇文學系任教授，開設西洋戲劇理論等課程。後來又到研究室，主要從事戲劇理論名著的翻譯和有關教材的編寫工作，他從美國貝克的《戲劇技巧》到希臘亞里斯多的《詩學》和意大利卡斯特爾維屈羅的《詩學詮釋》；從法國博馬舍的《論嚴肅戲劇》、意大利哥爾多尼的《回憶錄》，到西班牙維加的《當代編劇新藝術》，加上他自己編寫的《編劇概論》、《西洋戲劇理論》、《易卜生〈玩偶之家〉的分析》等許多未能正式出版的大量講稿，總共近百萬字。這不禁令我們想起四十多年前，當他在北京涉足戲劇之初的一九二二年，他就在北京《晨報副刊》發表〈過去二十二戲劇名家和代表傑作〉的二十二篇文章，詳細地評介了從埃斯庫羅斯到易卜生的戲劇理論來觀照整個西方的戲劇歷史，他也成為第一個系統地介紹西方戲劇創作的人，而當時他都還沒有出國留學呢。

一九六四年起，他的譯述工作幾乎停止了。接下來的「文革」，他和許多老知識份子一樣，備受衝擊，打入牛棚，下鄉勞動。在鄉下他病了，非常想吃點肉，回到上海時，老妻集全家肉票買了肉，燒好了慰勞他。一見到肉，他情不自禁地舉筷揀了一塊，張口就要吃，卻又不吃，把那塊肉放回碗裡。老妻再三勸他「吃呀！吃呀！」他嘆口氣說：「造反派勒令我不准吃肉。」其實，吃了又有何妨，但他卻還是搖頭說：「還是忍忍吧，萬一他們知道，那皮肉之苦受不住……」老妻問他，他們時常打你？他連連搖頭否認。可是洗澡時偏巧叫老妻發現，畢竟掩蓋不住啊，那渾身上下的青紫塊不是最好的證明嗎？妻子哭了。

一九七〇初，他身體實在堅持不住，才從農村回上海就醫，住院一個月，即以食道癌及體力枯竭病逝，終年七十四歲。

余上沅是中國戲劇教育的拓荒者，終其一生都在為中國戲劇盡心盡力，在他臨終前躺在病床上，都還在翻譯法文戲劇材料，當時手已腫得不能執筆，就由自己口述，由夫人筆錄。這不禁令人想起他在南京主持戲劇專科學校十年時，教職員送他一副對聯：

戲劇樹典型，端賴十年教訓；

桃李滿天下，只餘兩袖清風。

該是他一生的最佳寫照。

第十三章

現代女戲劇家第一人

——袁昌英

在現代女作家中，袁昌英無疑是屬相當早期的，她出生於一八九四年，她比蘇雪林大三歲，比冰心大六歲，比凌叔華大七歲，比丁玲大十歲。她生於湖南醴陵農村的一個鄉紳家庭。父親袁家普（雪安）是一位思想先進的飽學之士，民國期間，曾在山東、雲南等地當財政廳長。他對女兒的教育極為重視。袁昌英也因此在幼年的私塾中，就打下了深厚的國學基礎。接著父親又送她到長沙、上海等地讀書。一九一六年她畢業於上海中西女塾。然後父親自費送她到英國留學，一去五年。先就讀於倫敦Black heath中學，一九一八～一九二一年就讀於蘇格蘭愛丁堡大學，為該校攻讀英國與歐洲文學的第一位中國女生，她主修古典與近代戲劇。一九二一年七月，她以莎士比亞名劇《哈姆雷特》的論文榮獲文學碩士學位。她是中國女生在英國獲文學碩士的第一人。而早在一九二〇年她在英國發表〈論女子留學的必

袁昌英

要〉一文，刊載於《太平洋雜誌》第二卷第八期，呼應「五四」運動倡導婦女解放的呼聲。

在英期間，她認識了中國留學生楊端六、周鯁生、李四光、張奚若、皮宗石、陳西瀅、徐志摩等人。楊端六是湖南長沙人，一八八五年生，家境貧困，早年加入國民黨，參加過反袁的鬥爭，曾經被捕，後來避難日本，又赴英國倫敦大學修經濟學。袁昌英很敬佩楊端六，他們情投意合，很快就訂了婚，而不久之後，楊端六先行回國了。袁昌英則在一九二一年獲得碩士學位後才返國。返國前袁昌英曾應徐志摩之邀，到他離康橋六英里的鄉下──沙士頓的家裡作客。張幼儀在回憶錄中說：「有天早上，徐志摩對我宣布：『今天晚上家裡要來個客人，她是從愛丁堡大學來的一個朋友，我要帶她到康橋逛逛，然後帶她回來和我一道吃晚飯。』」^{（註} [1] 張幼儀原先是把袁昌英誤為是徐志摩的女朋友，後來才發覺不是而稱為「明姑娘」，然而她為「小腳與西服」的理

論，而把袁昌英描寫為穿著繡花鞋的小
腳，就有些違乎實情了。

　　袁、楊兩人在回國後結了婚，這
時袁昌英二十七歲，而楊端六已三十六
歲了。婚後袁昌英留在北平女子高等師
範學院任教，教英國文學，主要講莎士
比亞，是我國第一位研究和介紹莎劇的
女學者。而楊端六則回到上海，在商務
印書館工作。一九二三年他們的女兒楊
靜遠出生了，但為了在法國文學上進一
步的深造，袁昌英把女兒交給父親及繼
母照顧，她隻身一人在一九二六年赴法
國，進入巴黎大學為研究生，進修法文
和法國文學。在法國兩年期間，她繼續
為國內報刊撰寫散文、隨筆和文學評
論。

　　一九二八年袁昌英回國後，在上
海中國公學任教，講莎士比亞和英文散
文。而丈夫楊端六則在中央研究院工
作，他們家住在北四川路提籃橋，周鯁
生、李四光、楊振聲、劉秉麟、湯操真
等是他們夫婦來往密切的朋友。楊端六
在朋友中聲望很高，在經濟學方面已是

袁昌英、楊端六及女兒楊靜遠

學術權威了。袁昌英在此時寫了大量的散文、小說、論文，主要是劇本。她寫了多幕劇《孔雀東南飛》、獨幕劇《活詩人》、《究竟誰是掃帚星》、《人之道》、《結婚前的一吻》、《前方戰士》，後來合成《孔雀東南飛及其他獨幕劇》一書，一九三〇年由商務印書館出版。

袁昌英的《孔雀東南飛》是根據漢朝樂府民歌敘事長詩〈孔雀東南飛〉而改編的，但她運用了佛洛伊德的理論，認為人的行動是受人的本能的支配，強調人的「心性」作用。她一反傳統以此故事表現封建道德「吃人」的主題，而從人物的感情、心理入手，去分析了這個家庭的悲劇。袁昌英說：「母親辛辛苦苦親親熱熱地一手把兒子撫養成人，一旦被一個毫不相干的女子占去，心裡總有點忿忿不平。年紀大了或是性情恬淡的人，把這種痛苦默然吞下了。假使遇到年紀還輕，性情劇烈而又不幸又是寡婦的，這仲卿與蘭芝的悲劇就不免發生了。」學者彭彩雲認為袁昌英在作

《孔雀東南飛及其他獨幕劇》書影

品中並沒有把焦母寫成是令人髮指的封建婦道的代言人，而是深入地開掘出寡母內心世界的痛苦，喊出了中國婦女尤其是寡婦的悲憤，深深地揭示出了封建婦女的悲哀。（註2）袁昌英的簡潔暢達，文白相濟的對話和旁白，又保持了原作的詩意成分，措辭富於文采，排列趨於整飭，具有極強震撼人心的效果。

袁昌英的代表作雖是三幕悲劇的《孔雀東南飛》，但真正顯示她創作才華的是《結婚前的一吻》等一類獨幕喜劇。在《結婚前的一吻》中，袁昌英通過新郎在結婚前認錯新娘以至鬧出笑話的情節，對「五四」後那種半新不舊的婚戀方式，做了委婉的諷刺。該劇的題材風格受到英國戲劇家王爾德的影響，尤其是王爾德的名劇三幕劇《認真的重要》（The Importance of Being Ernest）被袁昌英稱作「滑稽傑作」，因此《結婚前的一吻》劇中人名的構思，都受到該劇的啟發。另外袁昌英一生酷愛莎士比亞，二〇年代即在大學講授莎劇，直到晚年被下放勞動之後，她甚至還打算重譯莎翁名劇。學者周密認為從《活詩人》這一喜劇的創作中，小可看到莎翁的浪漫喜劇對袁昌英的影響，劇中的文學青年大段地朗誦著莎翁詩句，而從此劇情節的構思，我們也看到了《威尼斯商人》中鮑西姬「三匣選親」的劇情的影響和啟示。（註3）

一九二九年袁昌英受聘為新創立的武漢大學的首批教授，她擔任外文系教授，除講授莎士比亞，還有現代歐美戲劇、希臘悲劇、希臘神話、法文、英文散文、中英翻譯等。教課之餘，她繼續寫作，有散文、隨筆及論文等，其中論文有〈文學的使命〉、〈論戲劇創作〉、〈莎士比亞的幽默〉、〈歇洛克〉、〈墨特林的靜默論〉、〈短篇小

袁昌英

説家契訶夫〉、〈妥瑪斯・哈代〉、〈易卜生的野鴨〉、〈皮蘭德羅〉、〈法國近十年來的戲劇新運動〉、〈讀王獨清「詩人謬塞之愛的生活」〉、〈莊士皇帝與趙閻王〉等。

　　學者李偉民認為在二、三〇年代國人尚不普遍重視莎士比亞的期間，袁昌英的一萬七千字長篇論文——〈莎士比亞的幽默〉，以相當寬廣的視野，結合美學、文藝理論和國外莎學研究成果，對莎士比亞的創作手法進行了較為全面的闡釋，所涉及的莎劇人物之多、論述之深，都堪稱那個時代由我國莎學研究者寫出的對莎劇理解最為精到的莎學批評論文，為後來的中國莎學批評奠定了良好的基礎。（註4）袁昌英將莎士比亞的幽默分為三類：1.機敏的幽默（Mof d'esprit）；2.情境的幽默（Mof desituation）；3.性格的幽默（Mof de caractere）。而這三類幽默充斥於莎士比亞的全部劇作。袁昌英在文中以五個劇本為例，逐一具體分析了莎翁幽默的運用。在《羅密歐與朱麗葉》中，幽默

的載體是朱麗葉的乳媼和邁丘西奧。在《仲夏夜之夢》中,是波頓和袞斯。在《皆大歡喜》中,是「試金石」和羅瑟琳。在《無事煩惱》中,是裴尼狄克和琶特麗絲。在《亨利四世》和《亨利五世》中,則是有名的笑星福斯塔夫。袁昌英認為:幽默彷彿是英國人的特色,莎士比亞是英國文學史上最炫耀的光榮。莎士比亞的幽默蘊藏在他的所有劇本中,即使在最淒愴悲慘的悲劇中,其機敏的幽默也會如閃電一樣,給人帶來光明。

至於〈歇洛克〉則是袁昌英對莎劇《威尼斯商人》中的夏洛克進行深入分析的論文。文中認為夏洛克的性格是悲劇的,但在劇中的地位有喜劇的成分。這也符合英國戲劇的傳統是悲與喜交叉並存的。夏洛克固然有可惡可恨的一面,但是作為身受歧視和凌辱的猶太人,他又飽受痛苦的煎熬,具有令人同情的一面。

而寫於一九三二年的〈莊士皇帝與趙閻王〉一文,在當時是轟動一時的。我們知道《趙閻王》是戲劇大師洪深的成名作,因為在當時無人敢直揭洪深的瘡疤的情形下,袁昌英則指陳:「《趙閻王》是《莊士皇帝》(瓊斯皇)的兒子」,並將兩人的作品,細細地對勘比較一番。從袁昌英對《瓊斯皇》鞭闢入裡的分析中,我們可以看出她深諳奧尼爾的表現主義藝術手法。其實袁昌英留學法國期間正是表現主義戲劇勃興之時,她歸國後創作的獨幕劇《前方戰士》就結合運用了意識流、表現主義的手法。

抗日戰爭時,武漢大學內遷四川樂山,袁昌英在上課之餘,有空就坐在簡陋的「讓廬」,對著山川形勝看書作畫,面對敵人的大轟炸,面對死亡的威脅,袁昌英並沒有絲毫退縮。她依舊滿腔熱情地講

袁昌英

授著莎士比亞。學生孫法理教授後來回憶說：「四〇年代末，我在武漢大學外文系讀書時，袁昌英先生教莎士比亞課，袁先生不但是五四時代的知名女作家，而且在英國時與徐志摩、陳西瀅等人是好朋友。她的莎士比亞課分量很重，採用的是英國學院派的教學方法。我開始聽課感覺到相當吃力，後來找到一個竅門，就是讀商務印書館出版的注釋本莎劇英文劇本，讀了以後再去聽，不但能夠跟上袁先生的思路，而且也漸入佳境，從此對莎士比亞發生了強烈興趣，畢業論文就以莎士比亞為題。四十年後在大學也給大學生研究生講授莎士比亞。我敢於開出莎士比亞專題課，依仗的就是先生給我打下的底子。」（註5）

　　另外孫法理教授還回憶袁昌英在上戲劇課的情形：「袁先生的講法大體是結合重點段落分析、情節結構、人物性格、主題思想、寫作特色等等。具體內容我現在除了劇情的輪廓之外，大體都不記得了。但是袁先生這課對我的影響卻非常大。一是給了我許多戲劇常識，

二是她的講授引起了我對戲劇的強烈興趣。袁先生在接觸劇本之前先講了幾節預備課，類似戲劇導論，介紹了一些戲劇知識，然後再在劇本的具體講授過程裡，用那些知識進行分析，同時並使那些理論具體起來，形象起來，活起來。她的理論裡有一個概念我至今沒有在別的地方見過：The Fifth Dimension（第五象限）。什麼叫第五象限呢？袁先生說，線、面、體三個象限是空間象限，物理學的象限；時間是第四象限，而關係（結構）是第五象限。在講第五象限時，她講了戲劇的基本結構和一些常用技巧。她指出戲劇（其實小說也一樣）的基本結構是Opening（開局）、Exposition（展示）、Crisis（危機，轉捩點）、Climax（高潮）、Denouement（結局，原意是『解結』）或Catastrophe（「悲劇的」結局）。她對其中的每一項都提出了注意事項。例如『開局』要有吸引力，能抓住觀眾注意；在『展示』中，介紹劇情開始以前的情節宜簡潔有力，而主要情節的發展，則要充分；『危機』可以有好幾個，使劇本搖曳多姿，多次從『山重水複疑無路』到『柳暗花明又一村』。『高潮』後應該很快結束，不宜拖沓，但也不能草率，必須注意一個Explication（解釋）的環節，把觀眾心裡的疑團一一解開，……她還強調節奏，說戲劇應該緊張，緊張才能保持觀眾的興趣，但是也要有張有弛，有節奏變化，否則一味緊張也會使觀眾厭倦。她還講到了懸念和意外，認為那是戲劇藝術的基本竅門，但是懸念的解除要合理，意外必須在情理之中，否則觀眾會覺得牽強，難於接受。她還強調，在戲劇裡，使用具體的形象要比抽象的概念好，使用眼睛看得見的東西要比嘴裡說的東西好。例如易卜生在〈野鴨〉裡使用受傷的野鴨的倔強行為來暗示受到精神傷害的人的性格，就比一般地敘述它的

痛苦要好。這些東西那時我都是聞所未聞，見所未見的，覺得很新鮮。」（註6）

　　五〇年代初，武大外文系撤銷，袁昌英轉到中文系教外國文學。她真心誠意進行思想改造，學俄語，熱情地參加各種政治活動，將毛澤東詩詞譯成英文。她加入了中國民主同盟，當選為湖北省政協委員。她出席過三次武漢市文代會，當選為武漢市文聯執行委員，於一九五六年加入中國作家協會，這期間法國巴黎大學曾通過香港邀請她去講學，被她婉辭。一九五七到五八年間，她受到不公正待遇，被錯劃錯判，失去了她熱愛的教學工作，每日掃街……從此墜入痛苦的深淵。直到一九六四年，她的右派帽子被摘去時，都沒有重新被起用。一九六六年，九月她遭遇到更大的不幸，那是與她生死患難四十五年的丈夫楊端六病故了。一九七〇年她又遭到進一步的迫害，她被當作「五類分子」遣送還鄉，回到湖南醴陵農村老家，住在一個遠親家裡。儘管在那世情看冷暖，人面逐高低的日子裏，她始終沒有泯滅對莎學的熱情，在偏僻落後的醴陵鄉下，她身邊帶著一本燙金的豪華本《莎士比亞全集》，上面有她用鉛筆做的標記和詮釋，背靠駱家坳的落鳳山，頭枕青青溪水，眼望阡陌縱橫的田野，她一直做著一個美麗而多彩的夢，她要用自己最後的生命來翻譯完成《莎士比亞全集》。

　　一九七三年春，當地公社調查了她的問題，為她落實政策，作了不是歷史反革命，屬人民內部矛盾的政治結論。但是七年來的折磨摧殘，耗盡她的生命，就在同年的四月二十八日，她離開人世了，正像她在《孔雀東南飛》中所描寫的「風聲的悲慘像是敗兵的號泣」。這

位曾經與凌叔華、蘇雪林被稱為「珞珈三女傑」的女作家、學者，折翅墮殞在家鄉落鳳山下，一抔黃土，幾聲孤雁，給人們留下了無盡的哀思。

袁昌英留有一女一子，女兒楊靜遠繼承了母親的遺志，專攻英國文學，曾為中國社科學院外國文學研究所編審。譯有英國女作家《夏洛蒂·勃朗特書信》、《馬克思傳》、《馬克思恩格斯傳》等等。兒子楊弘遠教授，曾任武漢大學生物系主任，從事遺傳工程的研究，曾被選為中科院院士。

註1： 張邦梅著、譚家瑜譯《小腳與西服－張幼儀與徐志摩的家變》，智庫股份有限公司，1996年。

註2： 彭彩雲〈論袁昌英作品的現代意識〉，湖南文理學院學報（社會科學版）第30卷第2期，2005年3月。

註3： 周密〈中西合璧的戲劇創作之路－袁昌英戲劇藝術手法〉，河北理工學院學報（社會科學版）第4卷第3期，2004年8月。

註4： 李偉民〈中國莎學史上的雙子星座－莎士比亞研究專家袁昌英和孫家琇〉北京《傳記文學》，2004年5月號。

註5、6： 孫法理〈恩師遺我莎翁情〉收入楊靜遠編選的《飛回的孔雀──袁昌英》，2002年，人民文學出版社。

第十四章

橋上的行吟者

——記翻譯家楊憲益

人們常把傑出的翻譯家，比喻為架設國際文化交流橋樑的工程帥，然而精湛的翻譯不只是不同語言之間的轉換而已，它更需要有深厚的文化修養為背景。因為如果沒有廣博的歷史、文化、社會的知識，又如何能精準完美地轉換到不同文化背景、不同語系的另一國度。而他得益於從小對中國古典文學的系統學習，得益於對中國傳統文化的熱愛，甚至還得益於他的性情。於是他有足夠的能力架設起美麗的橋樑，然後他從東方走到西方，又從西方走到東方。他不僅將中國名著譯成英文，還將英國、法國、古希臘的名著譯成中文。他在橋上行走、吟誦，是那麼地出色，是那麼地成就卓著。他就是楊憲益。

楊憲益在一九九〇年二月以英文撰寫自傳《WHITE TIGER》（原名《白虎星照命》，二〇〇一年四月由薛鴻時譯成中文出版，更名《漏船載酒憶當年》），在開宗明義就說：「我出生於一九一五年一月十日，按陰曆推算，是甲

楊憲益

楊憲益在牛津大學

寅年（虎年）十一月二十七日。母親日後告訴我，她生我之前做了一個夢，夢見一隻白虎躍入懷中。算命先生説，這既是個吉兆又是個凶兆；這個男孩長大後不會有同胞兄弟，他的出世還會危及他父親的健康；然而，他在經歷重重磨難和危險之後，將會成就輝煌的事業。我不知道自己一生的事業是否算得上輝煌，但是我確實是母親唯一的男孩，而且我五歲時父親就病逝了。在過去七十餘年生涯中，我確實經歷了重重磨難。所以，那位算命先生儘可以説他的推算大致不差。」楊憲益祖籍安徽泗縣，但出生在天津一個富裕家庭。父親曾任天津電話局兼電報局局長，後又任天津中國銀行的行長。他從小沒進過幼稚園及小學，而是請家庭塾師教導的。十二、三歲時才進天津法租界內的英國教會學校──天津新學書院（TACC）。先上了一年預科，然後是六年正規教育，共七年。到一九三四年畢業了，原本要進清華或北大，但卻因他學校的英國教師C. H. B朗曼，要休假回英國，帶他同

去，於是他到了倫敦，經過五個月的苦讀希臘文和拉丁文後，在次年的春天，他參加牛津大學的入學考試。楊憲益回憶道：「那年頭，一個亞洲或非洲學生想要進牛津，很難。他們的機會僅僅是競爭在某個學院裡的一兩個名額而已。錄取我的那個學院叫默頓學院，它是牛津大學諸學院中歷史最悠久的學院之一，不過，它也許沒有基督堂學院、巴里奧學院和莫德琳學院那麼出名。」他雖然輕鬆地通過筆試，但在面試時主考官要他再多學一點希臘文和拉丁文而延遲一年入學。

在這期間他已熟悉牛津大學裡那個小小的中國學生團體，在那團體人數不滿一打。其中有歷史學家向達，他是來研究中國敦煌洞窟發現的古代手抄本文獻（寫本卷子）的。而呂叔湘也正在這裡攻讀語言學，而楊人楩則在研究法國大革命史，錢鍾書與妻子楊絳也在這裡攻讀B. Litt學位。楊憲益在進牛津後，就被推選為中國學會的秘書，次年則被選為主席，這個職務一直擔任到他離開

戴乃迭

牛津為止。而在一九三七年他由於同班同學伯納德（伯尼）·梅洛的介紹認識了Gladys（戴乃迭）。戴乃迭的父親J. B. Tayler（中文名字叫戴樂仁）受倫敦傳教會派遣來到中國，曾在天津新學書院任教，後又到燕京大學教書，戴乃迭就是在一九一九年生於北京的，而在她七歲時，母親把她和姐姐帶回英國。中學畢業後，她獲得獎學金在一九三七年來到牛津大學攻讀法文。由於她童年對中國的美好印象，使得她參加了中國學會，並擔任學會的秘書，而這時候學會的主席是楊憲益。「儘管當時伯尼·梅洛正在熱烈地追求乃迭，我們班上許多同學也都以為她是伯尼的女友，但實際上她更喜歡的是我，不是伯尼，而我已經愛上了她。有一天，我和她互相傾吐了彼此的感情，當天晚上，我覺得我必須把這件事告訴伯尼。他顯然非常傷心，在那一年剩下的日子裡，他儘量避免和我倆在一起。後來乃迭和我決定訂婚，我在校園內的宿舍裡舉行了一次早餐會，我在會上宣佈了我們訂婚的消息，那

楊憲益與戴乃迭在英倫

天我的許多年輕的英國朋友都應邀出席了。我也曾向伯尼發出邀請，但他沒有來，我再也沒有見到他。……後來他成為香港大學的註冊主任。……他也結婚了，娶的是一位很好的瑞士姑娘，名叫莫麗塞特……，一九八三和一九八四年，我和伯尼分別多年後，終於在英國重新聚首。」，楊憲益深情地回憶著往事。而在當年他們雙雙放棄了法國文學，楊憲益改學英國文學，戴乃迭則改學中國文學，當時牛津大學剛開始設置中國文學榮譽學位，戴乃迭成為獲得中國文學榮譽學位的第一人，而同時楊憲益也獲得英國文學榮譽學位和碩士學位。

一九四〇年楊憲益偕夫人戴乃迭返國後，先後在重慶中央大學柏溪分校、貴陽師範學院、成都光華大學任教，一九四三年到一九五一年則任重慶及南京國立編譯館編纂。一九五三年仟北京外文出版社翻譯部專家，又兼為英文版《中國文學》雜誌譯稿。一九七九年任《中國文學》副主編，次年升任主編。楊憲益和戴乃迭從四〇年代起就長達半個世紀的翻譯合作事業。在任職重慶北培國立編譯館時，館裡翻譯委員會主任梁實秋，在讀了楊憲益的〈離騷〉這篇長詩的英譯稿（楊憲益在牛津時翻譯的），發現楊憲益乃「譯界不可多得之人才」，於是聘請他擔任《資治通鑒》的翻譯工程。梁實秋在談到這部書的翻譯時說：「其文字固不少困難，但所牽涉到的典章文物有時亦甚難理解，而譯者非理解透徹即不能下筆。楊先生夫婦電勉從事，到抗戰勝利時約成三分之一，實在是一大盛舉。」

五〇年代至六〇年代初，是楊憲益與戴乃迭翻譯成果的第一個高峰期。他們主要的譯作可分為四個方面：一是，中國現當代文學作品的英譯，有趙樹理的小說《李家莊的變遷》、《三里灣》，丁玲的小

说《太陽照在桑乾河上》，魯迅的《故事新編》，張天翼的小説《大林和小林》、《寶葫蘆的秘密》，李季的長詩《王貴與李香香》，郭沫若的話劇《屈原》，樣板戲《白毛女》；其中最重要的是一九五六年至一九五九年陸續出版英譯四卷本的《魯迅作品選》。二是，英譯中國傳統戲曲的各種劇本，分別有明代洪昇的《長生殿》、元代的《關漢卿雜劇選》，近代的京劇《打魚殺家》、《白蛇傳》、《望江亭》，川劇的《柳陰記》、《拉郎配》，崑劇的《十五貫》，評劇的《秦香蓮》，晉劇的《打金枝》，閩劇的《煉印》，粤劇的《搜書院》等。三是英譯中國古代敘事文學。有《龍女：唐代傳奇十種》、《中國古代寓言》、《宋明評話小説選》、《漢魏六朝小説選》、《不怕鬼的故事》（六朝至清代的志怪小説）、《儒林外史》等。四是，有關楚辭及古代文論及文學史的英譯，有《離騷及屈原的其它詩作》、《中國古典文學簡史》（馮沅君、陸侃如著）的英譯、《中國小説史略》（魯迅著）的英譯，還有《文心雕龍》的英譯（節選〈神思〉、〈風骨〉、〈情采〉、〈誇飾〉、〈知音〉）。

而到七○年代他們又有一部分經典作品的譯本出版，分別是戴乃迭和英國翻譯家W. J. F. Jenner合譯的《當代中國小説選》，戴乃迭譯的魯迅代表作《阿Q正傳》，戴乃迭譯的魯迅作品選——《無聲的中國》，楊、戴兩人合譯的魯迅的《野草》和《朝花夕拾》以及司馬遷的《史記》選本。當然這期間最受矚目的譯作，是一九七八年至一九八○年出版的一百二十回《紅樓夢》的全譯本。八○年代後，他們又合譯魯迅的小説集《吶喊》、《彷徨》；還有《聊齋選》、《西遊記》、《三國演義》、《鏡花緣》的節譯；《詩經選》、《漢魏六

朝詩文選》、《唐宋詩文選》、《明清
詩文選》等古典詩文的英譯。這期間最
重要的是由楊憲益發起並主持的「熊貓
叢書」的編譯工作，該叢書以中國現當
代文學作品為主要譯介對象，收有楊憲
益與Robert C. Friend合譯的艾青的《黑
鰻》；戴乃迭譯的沈從文的《邊城及其
它》、《湘行散記》，孫犁的《風雲初
記》，李廣田的《李廣田散文選》，古
華的《芙蓉鎮》，新鳳霞的《新鳳霞
回憶錄》，及《三〇年代短篇小說選》
等。而叢書之外，戴乃迭還譯有中國
當代作家的作品，如諶容的《人到中
年》，張潔的《沉重的翅膀》等。在推
動中國現當代文學作品走向世界的過程
中，楊憲益與戴乃迭兩人可說是功不可
沒，尤其是戴乃迭對當代作家作品的譯
介更是不遺餘力。

　　楊憲益說：「乃迭比我勤奮，她
自己單獨譯了不少中國近現代的文學作
品，尤其是短篇故事。不幸的是，我們
只是被雇傭的譯手，選題是由年輕的中
國編者負責的，他們的中國文學功力不

楊憲益與戴乃迭

179

深，還要迎合當時的政治口味。許多作品簡直浪費我們翻譯者所付出的勞動和精力，因此我常常只譯古典名篇。不過，甚至於古典作品的選擇，有時也要考慮政治內涵。我們常為此同編輯爭執，在長久辯論後才能達成妥協。」再加上「他本來能駕馭幾國文字，也是為數不多的能直接從希臘文譯成中文的學者之一。」因此經他譯成中文的，有古希臘《阿里斯多芬喜劇兩種》、荷馬史詩《奧德修紀》、古羅馬維吉爾的《牧歌》、《古羅馬喜劇三種》、《古羅馬戲劇選》，還有中古法國史詩《羅蘭之歌》、蕭伯納戲劇《皮格馬利翁》、《凱撒與克里奧佩特拉》、《賣花女》等。

在兩人如此眾多的譯作中，最受海內外學者與讀者矚目的，首推《紅樓夢》全譯本。截至目前為止，《紅樓夢》雖已被譯成二十三國文字，共有六十餘種譯本；但英文的全譯本只有英國學者戴維霍克斯與約翰明福德的五卷本《石頭記》（The Story of The Stone）和楊憲益、戴乃迭合譯的三卷本《紅樓夢》（A DREAM OF RED MANSIONS）兩種（註1）。（雖然早在一九二九年中國學者王際真教授已英譯《紅樓夢》在美國出版，但可惜的只是節譯本。）其中英國學者的譯本因理解失誤造成錯譯、漏譯較多，尤其是原書第二十八回到第五十三回中，學者張弘就指出「由於這一部分以相當多的篇幅寫到了結詩社、品戲文、集聯句等內容，考慮到缺少中國古典文學知識的英國讀者對此只有困惑，霍克斯的譯本作了少量刪節，另以註釋形式加以標明」（註2）。而楊譯本在這方面的處理則要好得多，對原著中的詩詞、聯額保持最大程度的完整，用準確簡練的譯文盡量將原文的表層與深層含義盡數表達出來。而學者李露更指出（註3），《紅樓夢》中的漢語習語（成語、俗語、

諺語、歇後語），這些和民族的歷史背景、經濟生活、風俗習慣、地理環境、心理狀態與生活經驗習習相關的文化特色，在為另一種語言所不具備的不同表達手段和形式時，楊憲益首先考慮採用等效對譯法，當然要找到英文中本體、喻體、寓意、形象上完全吻合的習語是極其有限的，因此用形象借代的手段，套用英語習語的形式，最大程度地保留原語中的語義內容，是他的變相做法。其次對於比喻明顯的習語則採用完全直譯法，它不會造成讀者在理解和接受上的困難，而且在形式、內容上與原作相對應，較完整、準確地傳遞了原作的信息，再其次則採取部分直譯法，即總體把握此習語的思想內涵，將隱含意義準確表達，有時甚至更換形象或放棄形象。而在前三種都無法準確表達原文中的信息內涵時，最後則採用意譯法。他們這種方法用之於《紅樓夢》，也用之於魯迅的《阿Q正傳》等之翻譯上。總之，他們選用與原語詞彙最等值的表達方式，與原文最相近的結構，在形式上最大限度地接近原文，做到了形似；在意蘊上準確地傳達了原作的內容和風格，譯出了原作的神韻與意境，而達到了形神兼備的地步。

楊憲益與戴乃迭一起走過快樂與痛苦。在牛津大學時戴乃迭沒想到自己會嫁給這位中國留學生，也沒想到她會與楊憲益，盡畢生之力將中國從先秦到當代的百餘種名著譯成英文。在戴乃迭眼中，當年的楊憲益的確與眾不同。他懶散、貪玩、調皮，似乎諸事漫不經心；但卻又絕頂聰明，興趣廣泛、學識淵博。在她接觸的留學生中，只有他最具備中國傳統文化的味道。因此在晚年戴乃迭曾在朋友面前開玩笑說，她愛的不是楊憲益而是中國傳統文化。雖是玩笑話，但也說明在戴乃迭眼裡，兩者之間是一個完美的結合。而在相濡以沫將近六十年

楊憲益的悼亡詩

晚年的楊憲益

後的一九九九年十一月二十二日，戴乃迭因病去世。楊憲益寫下了一首緬懷詩云：「早期比翼赴幽冥，不料中途失健翎。結髮糟糠貧賤慣，陷身囹圄死生輕。青春作伴多成鬼，白首同歸我負卿。天若有情天亦老，從來銀漢隔雙星。」朋友將它寫好裱好，掛在楊憲益新居的客廳裡，他與它朝夕相對，如晤愛妻。

　　著名學者錢鍾書曾認為，翻譯乃是「從一種文字出發，積寸累尺地度越那許多距離，安穩到達另一種文字裡，這是很艱辛的歷程」，真可謂道盡了翻譯者的心聲。誠然，翻譯是促進不同民族文化交流與心靈溝通的紐帶，又是一項十分複雜、艱巨的心智工作。它關係到不同語言形式及不同社會、歷史、文化、思想、審美信息的轉換表達，也因此翻譯家提出了諸如信、達、雅；神似、形似、直譯、意譯等等理論與做法，但就楊、戴兩人的看法，翻譯不僅要忠於內容，而且要忠於形式。在晚近的翻譯史上，由西書中譯者

可説相當多,單就莎士比亞的作品,就有朱生豪、梁實秋、孫大雨、卞之琳等等名家卓越的譯品,但若就中書西譯方面就顯得貧乏許多,但後者的意義顯得更來得重要些,它是一種文化的輸出工作。而要能擔當此重任者,其中西文化的根柢要極其深厚,而非只是語言能力足夠就行,因此辜鴻銘被認為是近代中國的第一人,而在他之後,也僅有林語堂可當之。辜鴻銘這位滿清遺老在一九二八年風雨飄搖中死去,他的辮子、他的守舊,逐漸為人所淡忘;但他所譯的《論語》、《中庸》被介紹到西方去,再加上他的西文著作,曾引起俄國大文豪托爾斯泰及舉世公認的文評家勃蘭兌斯(Brandes)的重視。而林語堂更是沒有接受魯迅的建議去翻譯一些英國名著,他懷抱著「兩腳踏東西文化,一心評宇宙文章」的雄心壯志,他曾想把《紅樓夢》譯成英文,(案:一九七三年十一月林語堂完成《紅樓夢》節譯本,惜未能出版,一九八四年有日本佐藤亮一根據林語堂的英譯本譯成日譯本。)(註4)但後來考慮再三,覺得它距離現實太遠,因此他借鑑了《紅樓夢》的藝術形式,用英文寫出了長篇小説《京華煙雲》,它曾是諾貝爾文學獎候選的作品。而之後他又以英文出版了《孔子的智慧》、《老子的智慧》和《英譯莊子》,全面向外面人介紹儒家及老莊的思想,在在引起國際上的關注。

因此楊、戴兩人的中書英譯就顯得相當重要,在八〇年代末九〇年代初,中國現代文學作品的翻譯,學者認為主要靠北京外文出版社的《熊貓叢書》及香港中文大學的翻譯小組。而晚近中華民國筆會(The Chinese PEN)在齊邦媛、彭鏡禧等教授的努力下也做出了相當的成績,諸多現、當代的小説都已被譯成英文在國外出版。而最近還有

王德威教授主持的美國哥倫比亞大學東亞系的當代小說西譯工作和張錯教授主持的選譯陳義芝、焦桐、許悔之、席慕蓉、張錯五位現代詩人的作品。通過翻譯這媒介，讓中國的文化在國際上獲得更廣大的交流。我們曾有過一流的文學作品，但因沒有一流的譯筆，就談不上角逐國際文學獎項，而瑞典漢學家馬悅然的精湛譯品，可說是將高行健推向諾貝爾文學獎的一大功臣，雖然不朽的作品從不需桂冠來肯定，但能因此獲得國際上更多的交流與瞭解，當是更為重要的，而這正是溝通中西橋樑的譯者莫大的成就。我們深切地期盼著！

註1：The Story of The Stone由英國Penguin Books Ltd.出版。分1973年、1977年、1980年、1982年、1986年，5次出齊。A DREM OF RED MANSIONS由北京外文出版社出版。1980年3卷本出齊。

註2：張弘著《中國文學在英國》，花城出版社，1992。

註3：李露〈傳情達意，巧奪天工－試論楊憲益《紅樓夢》譯作中漢語習語翻譯的原則和方法〉，西安外國語學院學報，2000年6月。

註4：劉廣定〈林語堂的英譯紅樓夢〉國家圖書館館刊，1996年12月。

《另眼看作家》照片來源

誰與爭鋒

第一張：周作人	《作家身影》攝製組
第二張：鄭振鐸	鄭爾康先生提供
第三張：王統照	王立誠先生提供
第六張：在日本求學的郭沫若	武繼平著《郭沫若留日十年》
第七張：左起：張資平、郭沫若、郁達夫、成仿吾	
	《作家身影》攝製組
第八張：郁達夫	《作家身影》攝製組
第十二張：沈雁冰（茅盾）	茅盾《我走過的道路》
第十二張：鄭振鐸與夫人高君箴	鄭爾康先生提供

京海之爭

第三張：沈從文	沈虎雛先生提供
第四張：蕭軍與蕭紅	丁言昭《蕭紅傳》
第五張：杜衡	周錦編選《杜衡選集》
第六張：魯迅	《作家身影》攝製組
第七張：蕭乾	文潔若女士提供
第八張：卞之琳	張曼儀編《卞之琳》
第九張：朱光潛及其夫人	《朱光潛全集》
第十張：梁宗岱晚年	《梁宗岱文集》
第十三張：劉吶鷗（左）	許秦蓁編《劉吶鷗全集》
第十四張：施蟄存	陳子善、徐如麒編選《施蟄存七十年文選》

第十張：邵洵美　　　　　　　　　　邵綃紅《我的爸爸邵洵美》

第十五張：葉靈鳳的插畫　　　　　　楊義等著《二十世紀中國文學圖志》

第十六張：葉靈鳳諷刺魯迅的漫畫　　楊義等著《二十世紀中國文學圖志》

第十八張：詩人馮至　　　　　　　　《馮至先生紀論文集》

第十九張：晚年的馮至　　　　　　　《馮至先生紀論文集》

第二十張：徐悲鴻畫的邵洵美　　　　邵綃紅《我的爸爸邵洵美》

從高峰到谷底

第二張：張資平　　　　　　　　　　顏敏著《在金錢與政治的漩渦中：張資
　　　　　　　　　　　　　　　　　平評傳》

第五張：李長之　　　　　　　　　　于天池先生提供

溫雅中有「鐵」

第一張：周作人　　　　　　　　　　《作家身影》攝製組

第二張：魯迅（右三）與周作人（左三）

　　　　　　　　　　　　　　　　　《作家身影》攝製組

第三張：周作人（左一）與北大教授　《作家身影》攝製組

第四張：女師大　　　　　　　　　　《作家身影》攝製組

第六張：陳西瀅與夫人凌叔華　　　　風舟選編《雙佳樓夢影》

第七張：魯迅　　　　　　　　　　　《作家身影》攝製組

第八張：章士釗　　　　　　　　　　《作家身影》攝製組

第九張：「三‧一八」慘案　　　　　《作家身影》攝製組

第十張：晚年的陳西瀅　　　　　　　風舟選編《雙佳樓夢影》

第十一張：晚年的周作人　　　　　　《作家身影》攝製組

最後一個浪漫派

播火者

迷茫與焦灼的漫遊者

第三張：戴望舒　　　　　　　　　　施蟄存、應國靖編《戴望舒》

第六張：郭建英的漫畫　　　　　　　陳子善編《摩登上海》

愛欲與怪誕

第一張：晚年的施蟄存　　　　　　　施蟄存著《北山散文集》

第三張：晚年的施蟄存　　　　　　　陳子善、徐如麒編選《施蟄存七十年文
選》

為中國戲劇拼盡一生的余上沅

第一張：吳祖光與夫人新鳳霞　　　　新鳳霞著《人世瑣憶》

第二張：余上沅　　　　　　　　　　《余上沅戲劇論文集》

第三張：余上沅　　　　　　　　　　徐芳女士提供

第六張：余上沅全家福　　　　　　　徐芳女士提供

第八張：梅蘭芳訪問蘇聯情景　　　　李仲明、譚秀英著《梅蘭芳》

第九張：梅蘭芳訪問蘇聯情景　　　　李仲明、譚秀英著《梅蘭芳》

第十張：劇作家曹禺　　　　　　　　《作家身影》攝製組

現代女戲劇家第一人

第一張：袁昌英　　　　　　　　　　楊靜遠編《飛回的孔雀——袁昌英》

第二張：袁昌英、楊端六及女兒楊靜遠

　　　　　　　　　　　　　　　　　楊靜遠編《飛回的孔雀——袁昌英》

第四張：袁昌英　　　　　　　　　　楊靜遠編《飛回的孔雀——袁昌英》

第五張：袁昌英　　　　　　　　　　楊靜遠編《飛回的孔雀——袁昌英》

謹向各位傳主及家屬、各出版單位，敬致感謝之意！

世紀映像叢書

世紀映像叢書

國家圖書館出版品預行編目

另眼看作家 / 蔡登山著. -- 一版. -- 臺北市 ： 秀威資
訊科技，2007 [民96]
　　　面 ； 　公分. --（史地傳記類；PC0026）

ISBN 978-986-6909-65-8（平裝）
1. 中國文學 － 傳記

782.248　　　　　　　　　　　　　　　　96008177

 史地傳記　PC0026

另眼看作家

作　　者 / 蔡登山
主　　編 / 蔡登山
發 行 人 / 宋政坤
執行編輯 / 詹靚秋
圖文排版 / 李孟瑾
封面設計 / 李孟瑾
數位轉譯 / 徐真玉、沈裕閔
圖書銷售 / 林怡君
法律顧問 / 毛國樑　律師
出版印製 / 秀威資訊科技股份有限公司
　　　　　台北市內湖區瑞光路583巷25號1樓
　　　　　電話：02-2657-9211　傳真：02-2657-9106
　　　　　E-mail：service@showwe.com.tw
經 銷 商 / 紅螞蟻圖書有限公司
　　　　　台北市內湖區舊宗路二段121巷28、32號4樓
　　　　　電話：02-2795-3656　傳真：02-2795-4100
　　　　　http://www.e-redant.com

2007年6月　BOD 一版
定價：220元

讀 者 回 函 卡

感謝您購買本書，為提升服務品質，煩請填寫以下問卷，收到您的寶貴意見後，我們會仔細收藏記錄並回贈紀念品，謝謝！

1.您購買的書名：＿＿＿＿＿＿＿＿＿＿＿＿＿＿＿

2.您從何得知本書的消息？

　　□網路書店　　□部落格　　□資料庫搜尋　　□書訊　　□電子報　　□書店

　　□平面媒體　　□ 朋友推薦　　□網站推薦　□其他＿＿＿＿＿＿

3.您對本書的評價：(請填代號　1.非常滿意 2.滿意 3.尚可 4.再改進)

　　封面設計＿＿＿　版面編排＿＿＿　內容＿＿＿　文/譯筆＿＿＿　價格＿＿＿

4.讀完書後您覺得：

　　□很有收獲　　□有收獲　　□收獲不多　　□沒收獲

5.您會推薦本書給朋友嗎？

　　□會　 □不會，為什麼？＿＿＿＿＿＿＿＿＿＿＿＿＿＿＿＿＿＿＿

6.其他寶貴的意見：＿＿＿＿＿＿＿＿＿＿＿＿＿＿＿＿

　　＿＿＿＿＿＿＿＿＿＿＿＿＿＿＿＿＿＿＿＿＿＿＿＿＿＿＿

　　＿＿＿＿＿＿＿＿＿＿＿＿＿＿＿＿＿＿＿＿＿＿＿＿＿＿＿

　　＿＿＿＿＿＿＿＿＿＿＿＿＿＿＿＿＿＿＿＿＿＿＿＿＿＿＿

讀者基本資料

姓名：＿＿＿＿＿＿＿＿＿　年齡：＿＿＿＿　性別：□女 □男

聯絡電話：＿＿＿＿＿＿＿　E-mail：＿＿＿＿＿＿＿＿＿＿

地址：＿＿＿＿＿＿＿＿＿＿＿＿＿＿＿＿＿＿＿＿＿＿＿

學歷：□高中(含)以下　　□高中　　□專科學校　　□大學

　　　□研究所(含)以上 □其他＿＿＿＿＿＿＿＿

職業：□製造業 □金融業 □資訊業 □軍警 □傳播業 □自由業

　　　□服務業 □公務員 □教職　 □學生 □其他＿＿＿＿＿＿

（請沿線對摺寄回,謝謝!）

秀威與 BOD

BOD（Books On Demand）是數位出版的大趨勢，秀威資訊率先運用 POD 數位印刷設備來生產書籍，並提供作者全程數位出版服務，致使書籍產銷零庫存，知識傳承不絕版，目前已開闢以下書系：

一、BOD 學術著作—專業論述的閱讀延伸
二、BOD 個人著作—分享生命的心路歷程
三、BOD 旅遊著作—個人深度旅遊文學創作
四、BOD 大陸學者—大陸專業學者學術出版
五、POD 獨家經銷—數位產製的代發行書籍

BOD 秀威網路書店：www.showwe.com.tw
政府出版品網路書店：www.govbooks.com.tw

永不絕版的故事·自己寫·永不休止的音符·自己唱